网店美工
淘宝天猫店铺设计与装修
实操

曹培强　王凤展　卜彦波　编著

电子工业出版社
Publishing House of Electronics Industry
北京·BEIJING

内 容 简 介

网上店铺开启之后，能够增加店铺销量的方式无外乎运营和店铺效果两种。通过视觉吸引买家注意是最经济实惠的方式，想要在此方面有所突破，美工的作用不容小觑。

本书以实例和设计理论相结合的方式，逐步体现美工在网店中凸显各个视觉模块的重要性。根据美工在装修网店时所应了解的各个知识点，精心设计了60多个与网店美工相关的实例，其中包含开店前期策划与信息采集、网店配色与图片处理、视觉效果吸引流量、前台与后台的衔接，以及网店各个模块在后台的具体运用等综合实例。本书由一线网店美工教师和网店店主编写，循序渐进地讲解了网店美工在装修时所需要的各个知识点。

本书采用案例教程结合理论的编写形式，兼具技术手册和应用技巧参考手册的特点，技术实用，讲解清晰，不仅可以作为初次开店想自己装修店铺的初中级读者的学习用书，而且也可以作为大中专院校相关专业及电子商务方面培训班的教材。

未经许可，不得以任何方式复制或抄袭本书之部分或全部内容。
版权所有，侵权必究。

图书在版编目（CIP）数据

网店美工实操：淘宝天猫店铺设计与装修 / 曹培强，王凤展，卜彦波编著.—北京：电子工业出版社，2018.7
ISBN 978-7-121-34597-5

Ⅰ.①网… Ⅱ.①曹… ②王… ③卜… Ⅲ.①网店 – 设计 Ⅳ.①F713.361.2

中国版本图书馆CIP数据核字（2018）第137793号

责任编辑：高丽阳　　　　　特约编辑：赵树刚
印　　刷：天津千鹤文化传播有限公司
装　　订：天津千鹤文化传播有限公司
出版发行：电子工业出版社
　　　　　北京市海淀区万寿路173信箱　　邮编：100036
开　　本：787×980　1/16　印张：15.75　字数：378千字
版　　次：2018年7月第1版
印　　次：2021年3月第6次印刷
定　　价：88.00元

凡所购买电子工业出版社图书有缺损问题，请向购买书店调换。若书店售缺，请与本社发行部联系，联系及邮购电话：（010）88254888，88258888。
质量投诉请发邮件至 zlts@phei.com.cn，盗版侵权举报请发邮件至 dbqq@phei.com.cn。
本书咨询联系方式：010-51260888-819，faq@phei.com.cn。

前 言

随着时代的进步，人们对于网络的依赖也越来越严重了。只要有网络，买东西和卖东西都不需要在实体店内进行，在网上只要把自己喜欢的商品选中后动一动鼠标，就能完成网上交易。对于买家而言，在网上逛网店最能够打动购买欲望的除了价格和产品特色，还有整体网店的装修格局和配色，因此作者编写了这本书。

对于卖家而言，能够产生经济效益是每个卖家的最大心愿。在价格与商品都大体相同的情况下，一个好的网店视觉界面绝对是提升卖点的一个保证，而这又恰恰是网店美工的工作。

市面上流行的网店美工书籍大多是以理论和实例两种形态存在的，而本书正好将这两点合二为一，使网店经营者不但可以对网店美工操作的理论进行理解，还可以通过书中提供的大量案例效果来完成实践操作的过程。从而使读者更容易了解网店美工在装修店铺时使用的软件，使读者少走弯路。

本书作者有着丰富的电商美工教学经验和网店经营与装修的实践经验，将自己在网店装修过程中总结的经验和技巧展现给读者。希望读者能够在体会装修软件的强大功能的同时，将设计创意和设计理念通过软件反应到网店中的视觉效果中来。更希望通过本书帮助读者解决开店后美工装修中的难题，提高店铺整体视觉水平，快速成为网上销售的高手。

本书特点

本书内容由浅入深，每一章的内容都丰富多彩，力争涵盖网上店铺装修中全部的知识点。以实例结合理论的方式对网店装修进行讲解。

- 内容全面，涵盖了美工在网店装修中所涉及的图片、配色、视觉细节和整体店铺装修的各个方面。本书由具有丰富教学经验的网店装修一线老师编写。从商品图片设计的一般流程入手，逐步引导读者学习装修时所涉及的各种技能。
- 语言通俗易懂，讲解清晰，前后呼应，以最小的篇幅、最易读懂的语言来讲解每一项功能和每一个实例，让读者学习起来更加轻松，阅读更加容易。
- 实例丰富，技巧全面实用，技术含量高，与实践紧密结合。每一个实例都倾注了作者多年的实践经验,每一个功能都已经过技术认证。
- 注重理论与实践相结合,在本书中实例的运用都是以软件某个重要知识点展开,使读者更容易理解和掌握,从而方便记忆知识点,进而能够举一反三。

本书章节安排

本书依次讲解了网上开店前期企划、商品信息采集、美工在网店中的作用、定位网店的配色与细节、提升店铺流量的视觉图、淘宝前台与后台的衔接、店铺可装修区域的应用等内容。

本书读者对象

本书主要面向想开网店的初、中级读者,是一本非常适合阅读的网店装修教材。学习任何课程都应该从掌握基础知识开始,再循序渐进地进行学习,以前没有接触过网上开店或自己装修的读者无须参照其他书籍即可轻松入门,对于已经可以自己进行网店店铺装修的读者,也可以从中快速了解本书中的店铺配色、商品调色及视觉细节等方面的知识点。

本书主要由曹培强、王凤展和卜彦波编著,参加编写的成员还有沈桂军、关向东、刘丹、祁淑玲、吴忠民、袁震寰、田秀云、李垚、郎琦、霍宏、孙一博、佟伟峰、孙宏峰、王红蕾、时延辉、刘绍婕、潘磊、刘冬美、尚彤、葛久平、殷晓峰、赵顿、齐新、刘爱华、周莉、刘智梅。

由于时间仓促且作者水平有限,书中疏漏和错误之处在所难免,敬请读者批评指正。

编著者

轻松注册成为博文视点社区用户(www.broadview.com.cn),扫码直达本书页面。

- 下载资源:本书如提供示例代码及资源文件,均可在 下载资源 处下载。
- 提交勘误:您对书中内容的修改意见可在 提交勘误 处提交,若被采纳,将获赠博文视点社区积分(在您购买电子书时,积分可用来抵扣相应金额)。
- 交流互动:在页面下方 读者评论 处留下您的疑问或观点,与我们和其他读者一同学习交流。

页面入口:http://www.broadview.com.cn/34597

目　录

第 1 章　网上开店前期企划 1
1.1　客户群定位 2
1.2　选择经营商品 3
1.3　网上浏览行业旺铺 5
1.3.1　通过店铺数量选择行业旺铺 5
1.3.2　通过店铺的等级来看 6
1.3.3　通过店铺的装修来看 7
1.4　批发城实地调研 8
1.5　组成网店的各个功能元素 8
1.5.1　店标 8
1.5.2　店招 9
1.5.3　广告内容区 9
1.5.4　宝贝分类 10
1.5.5　客服 11
1.5.6　店铺收藏 12
1.5.7　店铺二维码 13
1.5.8　店铺公告 13
1.5.9　宝贝展示 14
1.5.10　宝贝排行 14
1.5.11　详情页 15
1.6　网上店铺的制作流程 15
1.6.1　规划时期 16
1.6.2　设计时期 20
1.6.3　保存与发布时期 21
1.6.4　维护更新时期 21
1.7　网上开店 22

                1.7.1   淘宝开设店铺的特点 22
                1.7.2   网店开店的基本流程 23

第2章　商品信息采集【扫码阅读】 29

第3章　美工在网店中的作用 30
   ## 3.1 宝贝图片处理 31
      3.1.1   剪裁与倾斜校正 31
      3.1.2   修饰宝贝图片 35
      3.1.3   商品宝贝调色处理 40
      3.1.4   商品宝贝瑕疵修复 46
   ## 3.2 网店图片多种抠图技巧 55
      3.2.1   规则形状抠图 56
      3.2.2   简单背景抠图 59
      3.2.3   复杂图形抠图 62
      3.2.4   毛发抠图 69
      3.2.5   图层关系替换背景 71
      3.2.6   透明宝贝的抠图方法 74
      3.2.7   综合抠图方法 78
   ## 3.3 图片在网店设计中的作用 79
      3.3.1   商品整体参与设计 79
      3.3.2   商品切断式参与整体设计 79
      3.3.3   不同视角参与整体设计 80
      3.3.4   超出范围参与整体设计 80
   ## 3.4 文案在网店美工中的作用 81
      3.4.1   为什么要做文案 81
      3.4.2   文案怎样写 82
      3.4.3   文案的布局 82
      3.4.4   活动文案 86

第4章　定位网店的配色与细节 88
   ## 4.1 网店中图片的配色 89
   ## 4.2 网店配色 91
      4.2.1   自定义页面的主色与辅助色 92

4.2.2	网店色调与配色	93
4.2.3	色彩采集	110
4.2.4	色彩推移	112

4.3 网店页面色彩分类 ... 113
4.3.1	静态色彩与动态色彩	113
4.3.2	强调色彩	113

4.4 统一间距与对齐 ... 114

4.5 为网拍商品制作统一边框 ... 116
4.5.1	按图片颜色为其添加边框	116
4.5.2	细致调整图片背景边缘	117
4.5.3	统一边框样式	118
4.5.4	商品图片边框的制作	120

4.6 增加图片的细节 ... 121
4.6.1	为商品添加标签	122
4.6.2	放大商品的局部特征	122
4.6.3	调整细节，增加商品视觉效果	123

第5章 提升店铺流量的视觉图 ... 124

5.1 设计店标 ... 126
5.1.1	店标的设计原则	126
5.1.2	店标的作用	127
5.1.3	店标的制作思路	127
5.1.4	店标的制作过程	128
5.1.5	发布店标	130

5.2 直通车图片设计 ... 132
5.2.1	直通车图片的设计原则	133
5.2.2	直通车在淘宝中的位置	138
5.2.3	设计与制作直通车图片	139

5.3 钻展图片设计 ... 141
5.3.1	钻展图片的设计原则	141
5.3.2	钻展图片主图设计与制作	142
5.3.3	钻展图片右侧小图设计与制作	147

5.4 店招设计 150
5.4.1 店招设计的原则 150
5.4.2 通栏带导航店招的设计与制作 150
5.4.3 带导航的标准店招制作 155
5.4.4 标准店招制作 156
5.4.5 带导航的通栏店招背景制作 157

5.5 全屏通栏首屏广告制作 157
5.5.1 全屏广告图设计与制作 158
5.5.2 标准950广告图制作 163

5.6 其他区域广告制作 164
5.6.1 750广告图设计与制作 164
5.6.2 190广告图设计与制作 169
5.6.3 图片陈列设计与制作 170
5.6.4 项目区图片设计与制作 174

5.7 宝贝分类设计 176
5.7.1 宝贝分类的设计原则 176
5.7.2 宝贝分类图片设计与制作 177
5.7.3 子宝贝分类设计 181

5.8 店铺收藏与客服制作 183
5.8.1 店铺收藏图片设计与制作 183
5.8.2 客服图片设计与制作 184

5.9 店铺公告模板设计与制作 186
5.9.1 750店铺公告模板设计 186
5.9.2 750店铺公告动态模板设计 188

5.10 详情页 191
5.10.1 详情页的设计思路及操作流程 192
5.10.2 详情页的格局 193
5.10.3 详情页的设计与制作 194

5.11 为图片创建切片后导出 204

第6章 淘宝前台与后台的衔接 208
6.1 进入图片空间 209
6.2 编辑图片空间 211

		6.2.1 新建文件夹管理图片	211
		6.2.2 删除图片空间中的文件夹	213
		6.2.3 上传优化好的图片	214
		6.2.4 图片搬家	216
		6.2.5 恢复删除的图片	218
		6.2.6 全选图片	220
		6.2.7 替换	220
		6.2.8 编辑	220
		6.2.9 适配手机	221
		6.2.10 为图片添加水印	221
6.3	复制图片空间中的图片链接		224
6.4	Dreamweaver 工作界面		224
6.5	创建表格		226
6.6	编辑表格		228
	6.6.1	单元格选取技巧	228
	6.6.2	重设表格的行列数	229
	6.6.3	调整表格宽度	230
	6.6.4	调整边距、间距、边框	230
	6.6.5	行列的插入、删除	231
	6.6.6	调整行宽、列高	231
	6.6.7	单元格的拆分、合并	232
	6.6.8	嵌套表格	232
	6.6.9	清除表格的宽度、高度	233
	6.6.10	单元格的其他设置	234
6.7	插入图片		234
6.8	以背景方式插入图片		236
6.9	粘贴图片空间中的图片链接到 Dreamweaver 代码区		238

第 7 章　店铺可装修区域的应用【扫码阅读】...... 240

第 1 章

网上开店前期企划

本章重点：

- 客户群定位
- 选择经营商品
- 网上浏览行业旺铺
- 批发城实地调研
- 组成网店的各个功能元素
- 网上店铺的制作流程
- 网上开店

开店之前一定要先进行一下策划,包括开店之前需要做什么,以及店铺开起来之后需要做什么,等等。这样才能做到心中有数,有备无患,具体的分工如图1-1所示。

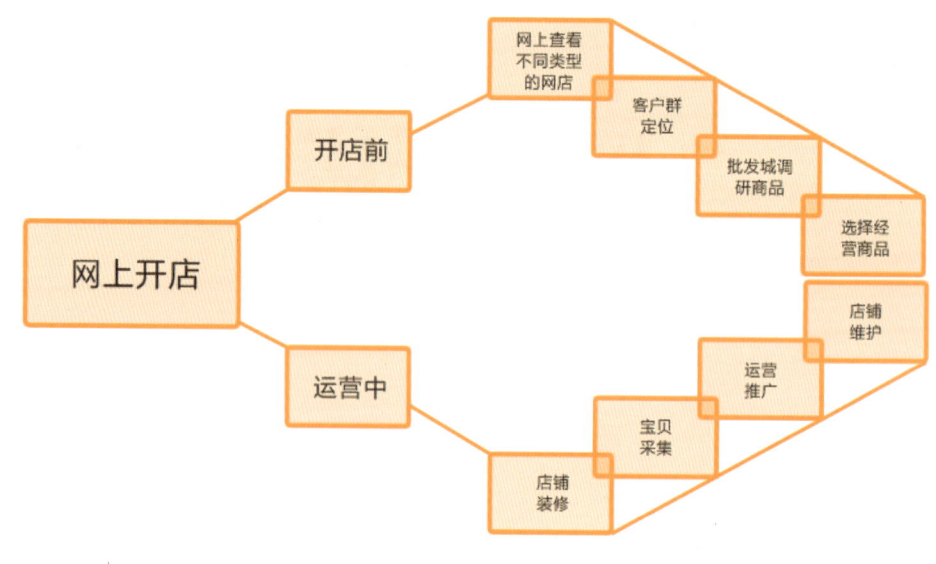

图 1-1 开店导图

做好充分的准备,可以让投资风险降低。本章就对店铺上线之前要做的准备进行详细说明,包括客户群定位、选择经营商品、网上浏览行业旺铺及批发城实地调研。

1.1 客户群定位

开店之前,需要明白你的客户是谁。对目标客户的定位可以细分为多个维度,例如针对性别、年龄、风格的定位等。

性别

首先要明确目标客户的性别,有人认为这点很可笑,其实这就是让卖家知道真正下单购买的人是谁。男装的目标客户就是男性吗?数据显示,有40%左右的男装购买者是女性,儿童用品的买家通常也是女性。这些都需要大家仔细考虑。

年龄

不同年龄段的人有不同的购物特点,我们需要仔细分析目标客户的年龄段。18～23岁的消费者大多是在校学生,有一定的消费基础,但花的都是父母的钱,所以他们通常喜欢低价或高性价比的商品。24～27岁的消费者,是刚刚走出校门或处于就业上升期的人,往往需要建立家庭，理论上讲是比较有消费实力的，但是迫于家庭的压力，消费能力也略有下滑。而40岁左右的消费者，大多数属于领导和管理阶层，在为父母和子女购买商品的时候，偶有大手笔的消费，消费能力呈现上升趋势。

风格

这里说的风格定位，是商品本身的风格定位。现在，女装类目已经出现四十多种风格，主流的服装风格有十几种，例如常见的民族、欧美、田园、学院、朋克、街头、简约等风格。

通过对客户的定位，我们可以详细了解客户的心理需求，这样就可以通过努力满足客户的需求。客户满意了，店铺的销量也就不用担心了。

1.2 选择经营商品

对于生意人来说，商品能否热卖关系到生意的生死存亡，而能否热卖就要看商品有没有卖点。有卖点意味着商品有市场，能带来利润。对于网店来说，卖点就是网店的立足点和赢利点。商品只有具备独特的卖点，才能激发顾客的购买欲望。

如今，网上每天都有新店开业，竞争也开始激烈起来，网店要想赢利，店中的商品必须有较多的卖点。尤其是新卖家，级别低，没有经营经验，没有固定的顾客，想要突破开业初期的经营困境，只有发掘出具有卖点的商品，才能在竞争中站稳脚跟。这是非常关键的一步。从当前的网店销售情况与市场需求来看，热卖的商品有如下几类。

时尚好玩的高科技商品

现代科技的发展可谓一日千里，电脑或数码商品的更新更是日新月异，一些时尚的高科技爱好者总想跟上潮流，但好多商品刚买没几天就过时了，市场上又出现了升级换代的新商品。如果跟着潮流换吧，刚买了没几天的商品就会贬值不少，换成新商品又要花一大笔钱，着实让人心疼；不换吧，又落后于时尚，总是心有不甘。于是，不少人选择购买价格更为低廉的网店商品。

规格统一的商品

规格统一，标识清晰，特征容易描述，同种商品个体之间无差异的商品也适合在网上销售。图书是典型的规格统一的商品，也是非常适合在网上销售的商品。从时间上来看，图书算是最早在网上销售的一种商品。大型电子商务网站亚马逊最初就是靠卖书起家的，国内也有当当网等大型图书经营网站。

在专卖店才买得到的特色商品

随着人们经济水平的提高,生活中有越来越多的体育商品爱好者,但这类商品大多只在专卖店才可以买到,并且专卖店一般只在大中城市才有,经营网点比较少。而在一些小城市,基本没有这类专卖店,所以,在网上购买便成了不少人的第一选择或唯一选择。如果有合适的渠道,在网上开一家体育用品店,就可以有效满足这一需求,应该会取得不错的经营效果。

针对女人与孩子的商品

说了这么多,到底什么商品是最好卖、最容易让店铺快速赢利的呢?一是针对女人的,因为在逛淘宝店铺的买家中女性占70%多,既然买家多成交率自然就会增加。二是针对孩子的,现在的家长都不会为了节省几十元或几百元而让孩子不高兴,通常孩子们会有一种模仿心理,一个孩子有的东西其他孩子看到就会向大人要。这时为了不让自己孩子比别人差,大人都会问这个东西在哪买的并购买。关键现在谁都很忙,所以很大一部分人都会选择在网上购买。所以说,最好卖的商品就是与女人和孩子有关的商品,女性用品与儿童用品市场是非常大的。只要定位准确,你的店铺就已成功了一半!如图1-2所示,该店铺是卖玩具的店铺,该商品既是女人喜欢的又是孩子喜欢的。

图1-2 卖玩具的店铺

1.3 网上浏览行业旺铺

在网上最好销售的东西应该是在外面很少见的东西，比如一些年轻人喜欢的新潮的东西，价格的高低也决定了生意的好坏，想要低成本，最好选择小而精、时尚、受众多的商品。

1.3.1 通过店铺数量选择行业旺铺

从店铺的数量来看，店铺数量最多的是女装 / 女士精品 / 童装类，为 35434 家，排在第一位；第二位至第五位分别为：化妆品 / 香水 / 护肤品类，18277 家；珠宝首饰 / 手表 / 眼镜类，18182 家；日用 / 家电 / 食品 / 物流类，11795 家；电脑网络及相关设备类，11057 家，这几类商品的店铺数量占了总数的 53.8%。以上数据说明了这类商品在淘宝是很热门、很有市场的，同时也看出该类商品竞争的激烈程度。

看一下下面的数据，网上卖什么最赚钱，什么好做就一目了然了！（数据仅供参考）统计事例选了 100 个淘宝钻石大卖家：4 个 5 钻，35 个 4 钻，61 个 3 钻。

提示：淘宝店铺每天都在变化，具体的数据大家可以根据情况自行查看。

我们来看看在淘宝上卖什么这么火，它们为什么做得这么好，能够在上百万家淘宝店中脱颖而出。

- 4 个 5 钻卖家都是点卡卖家，还有 16 个 4 钻卖家，4 个 3 钻卖家，占百家钻石的 24%。
- 衣服卖家 4 钻的有 3 家，3 钻的有 14 家，占百家钻石的 17%。
- 化妆品卖家 4 钻的有 8 家，3 钻的有 8 家，占百家钻石的 16%。
- 饰品卖家 4 钻的有 2 家，3 钻的有 12 家，占百家钻石的 14%。
- 家用小商品 4 钻的有 2 家，3 钻的有 4 家，占百家钻石的 6%。
- 包包卖家 4 钻的有 2 家，3 钻的有 2 家，占百家钻石的 4%。

玩具卖家 3 钻的有 3 家，卡通用品卖家 3 钻的有 2 家，户外野营卖家 3 钻的有 2 家，减肥用品卖家 3 钻的有 2 家，CD 卖家 3 钻的有 2 家。其他特色卖家有 4 钻的东东小铺的摄影棚，4 钻的慈溪蓝天电子配件，3 钻的还有汽车用品、婚庆用品、景德镇瓷器、床上用品、东北特产、邮票类的卖家。图 1-3 所示的店铺为皇冠店铺与钻石店铺。

图 1-3　皇冠店铺与钻石店铺

1.3.2　通过店铺的等级来看

店铺的等级越高，证明卖的东西越多，也就是说，东西属于好卖、热卖的范畴。

淘宝信用评价是买家在淘宝网交易成功后，在评价有效期内（成交后 1～45 天），就该笔交易进行评价的一种行为。只有使用支付宝并且交易成功的交易评价才能计分，非支付宝的交易不能评价。淘宝会员在淘宝网每使用支付宝成功交易一次，就可以对交易对象作一次信用评价。评价分为"差评""中评""好评"三类，每种评价对应一个信用积分，具体为："差评"扣一分，"中评"不加分也不减分，"好评"加一分。淘宝买家信用度分为以下 20 个级别，如图 1-4 所示。淘宝信誉五金皇冠是最高级别，对应的评分为 10000001 以上。无论你的身份是买家还是卖家，淘宝信誉等级划分规则是一样的。

等级在一定程度上就是店铺的身份象征，可能很多朋友会说：我只看商品好不好。这也说得没错，但是现在人们都很忙，很多人已经把级别当作了标尺。既然这样，我们为什么不把它做好呢？

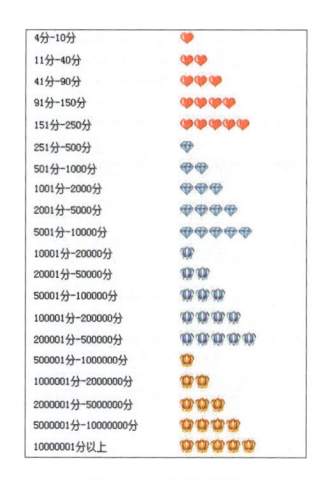

分数范围	等级
4分-10分	❤
11分-40分	❤❤
41分-90分	❤❤❤
91分-150分	❤❤❤❤
151分-250分	❤❤❤❤❤
251分-500分	♦
501分-1000分	♦♦
1001分-2000分	♦♦♦
2001分-5000分	♦♦♦♦
5001分-10000分	♦♦♦♦♦
10001分-20000分	👑
20001分-50000分	👑👑
50001分-100000分	👑👑👑
100001分-200000分	👑👑👑👑
200001分-500000分	👑👑👑👑👑
500001分-1000000分	🔶
1000001分-2000000分	🔶🔶
2000001分-5000000分	🔶🔶🔶
5000001分-10000000分	🔶🔶🔶🔶
10000001分以上	🔶🔶🔶🔶🔶

图 1-4　店铺等级

1.3.3　通过店铺的装修来看

如果想要检验店主是否用心，最直接的方法就是在他的店铺中看看装修效果，也就是店铺的脸面。

很多朋友会有两个疑问：什么是好的装修，怎样才能有好的装修？下面就依次进行讲解。好的装修有属于自己的风格，让人眼前一亮，这个风格可以在人们脑袋中保存很久，有个性、统一、文案适合你的群体、内页优秀，等等。那么问题来了，如何做到这些呢，是不是可以考虑套用一些免费模板呢？对于要求严格的店主来说这是不可取的，好的模板你能找到，你的对手也能找到，何况你的对手不止一个。装修一个属于你自己风格的店铺格局，再加上精致的商品图片，绝对可以为你带来更多的赚钱机会，图 1-5 所示的店铺就拥有自己的风格。

图 1-5　店铺装修

1.4 批发城实地调研

在网上查看店铺虽然很方便,但是不能直接感受商品,这时我们可以到自己比较认可的批发城进行实地调研,好处是可以直接看到各式各样的商品,能够让你对所要了解的商品进行直观的比对,还可以非常清楚地看到具体哪种甚至哪个商品出货量比较快,最直接的方法就是看哪款商品进货的人比较多,这样就能知道在网上销售时的大概出货情况,在批发城中都滞销的商品,放到网上同样也会压货,因为大多数人的喜好还是差不多的。坏处就是实地考察时会使身体产生很大的疲劳感,如果看的商家少了就不能达到预期的效果。

在批发城进行实地调研,不但可以查看具体商品的出货情况,还能在多种商品中找到自己要在网上买的商品。新潮、时尚的商品在批发城也是出货量比较大的一部分,只要用心,找到一款自己用来网上创业的商品绝对不难,再结合网上的浏览选几样自己觉得不错的商品,图1-6所示为在批发城所拍摄的商品图片。

图 1-6 在批发城拍摄的商品

1.5 组成网店的各个功能元素

网店视觉效果的好坏,可以直接影响一个店铺的生死,掌握组成网店页面的各个功能元素,是网店美工必须知道的。每个元素都具有自己独特的功能,其中主要包含店标、店招、促销广告、宝贝分类、联系方式、店铺收藏、店铺公告、宝贝展示、宝贝排行、宝贝描述等。

1.5.1 店标

在开张的淘宝店铺中,店标通常指的是网店的核心标识,也就是店铺的Logo,在淘宝开店主要是经营,不过一些淘宝店铺装修等小细节也是不可以疏忽的,淘宝店标就是其中一个,有创意并好看的店标容易让人记住。店标按类型可分为动态和静态两种。在淘宝店铺中按照店铺进行搜索时,会看到每个店铺的店标,如图1-7所示。

第 1 章　网上开店前期企划

图 1-7　店标

1.5.2　店招

店招是网店的灵魂，在网店中店招必须放置在页面的顶部，用来说明经营项目，是招揽买家的一个缩览。店招要让买家知道店铺的经营范围。

网店不需要门面，所以店招就是网店的门面，即虚拟店铺的招牌，不同的店铺设计的店招也不同，有简单的也有复杂的，如图 1-8 所示。

图 1-8　店招

1.5.3　广告内容区

在淘宝网店中，商品直观展现给浏览者，并对商品制作出相应广告效果的区域，应该是最

9

受买家关注的区域之一。自定义促销区域在淘宝旺铺中可分为通栏广告效果、750px 自定义广告、150px 自定义广告及陈列区广告等,在制作时要考虑淘宝店铺对于图片装修尺寸的要求,如图 1-9 所示的图片为店铺的全屏通栏广告、750px 自定义广告、190px 自定义广告和陈列区广告效果。

图 1-9　广告内容区

1.5.4　宝贝分类

　　网店中的宝贝分类就是为了让买家以最便捷的方式找到自己想买的物品。在网店中,如果上传的宝贝过多,那么查看起来就会非常麻烦,此时如果将相同类型的宝贝进行归类,将宝贝放置到与之对应的分类中,查找将会变得十分轻松。对于宝贝分类,我们可以按照网店的整体色调进行设计,好的宝贝分类可以让买家对商品一目了然,如图 1-10 所示。

图 1-10　宝贝分类

1.5.5　客服

　　在店铺中添加联系方式可以让买家对店铺更加信任，联系方式可以按照店铺的设计类型选择放置的位置，可以是单独的标准通栏的长度，也可以随左侧或右侧广告促销一同出现，如图1-11所示。

图 1-11　客服

1.5.6　店铺收藏

在淘宝网店中之所以会添加醒目的店铺收藏，主要有两个原因：一是淘宝系统的收藏按钮过小，不利于引起买家的注意；二是店铺的收藏人气会影响店铺的排名。

店铺收藏设置的意义在于引起买家的注意，吸引更多的人自愿收藏店铺，所以在设计与制作时首先要求醒目，然后再考虑其他事项，如图 1-12 所示。

图 1-12　店铺收藏

1.5.7　店铺二维码

在 PC 端淘宝网店中添加二维码后，买家可以通过手机扫描二维码，快速进入卖家的手机淘宝店铺，这样更方便买家随时随地查看商品，如图 1-13 所示。

图 1-13　添加二维码

1.5.8　店铺公告

网上店铺中的"店铺公告"可以十分清楚地在店铺中展现本店最近的相关消息，例如店铺的商品促销、商品上新或发货信息的变更等。可以使用文本或图片的形式进行展现，目的就是让买家能够一目了然，如图 1-14 所示。

图 1-14　店铺公告

1.5.9　宝贝展示

网店中需要出售的商品，都会出现在宝贝推荐区域内，如图 1-15 所示。

图 1-15　宝贝展示

1.5.10　宝贝排行

网店中添加计数功能，可以十分轻松地让店主了解买家的购买心理或查看爆款的销售情况，做到心中有数，如图 1-16 所示。

图 1-16　宝贝排行

1.5.11 详情页

在淘宝网店中，要想成功推销自己的商品，需要在商品详情描述中下一些功夫，以吸引买家达成交易。宝贝描述模板通常是指包含宝贝描述在内的宝贝介绍页面。我们可以将其设计成一个模板，其他宝贝都可以使用这个模板进行展示，这样会使整个店铺在视觉上显得非常统一，不管哪种宝贝描述模板都应该有宝贝说明、宝贝描述、宝贝展示、买家须知等内容，如图1-17所示。

图1-17 详情页

1.6 网上店铺的制作流程

手机网上店铺制作流程是指从设定主题、整体风格、建立网站架构、店铺页面组件设计，一直到最后的店铺维护/更新等一系列过程。图1-18即手机店铺设计与装修的主要流程架构及其细部内容。

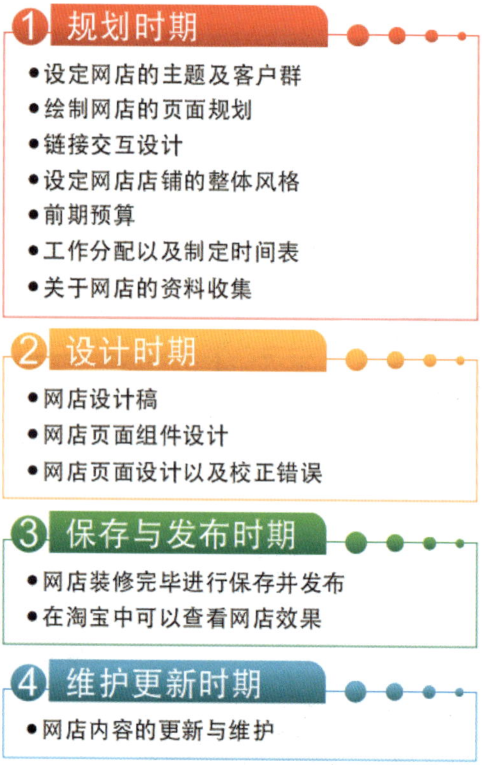

① 规划时期
- 设定网店的主题及客户群
- 绘制网店的页面规划
- 链接交互设计
- 设定网店店铺的整体风格
- 前期预算
- 工作分配以及制定时间表
- 关于网店的资料收集

② 设计时期
- 网店设计稿
- 网店页面组件设计
- 网店页面设计以及校正错误

③ 保存与发布时期
- 网店装修完毕进行保存并发布
- 在淘宝中可以查看网店效果

④ 维护更新时期
- 网店内容的更新与维护

图 1-18　网上店铺设计与装修流程图

1.6.1　规划时期

规划时期是网店搭建之前的作业，不论是企业还是个人网上店铺，都少不了这个时期。其实，进行网上店铺设计，就好比为客户做项目一样，必须经过事先的详细规划及讨论，然后才能凭借团队合作的力量，将用于网上店铺的成果呈现出来。

设定网店的主题以及客户群

"网店主题"是指网上店铺的内容及主题诉求，以服装手机网上店铺为例，应具有时尚女装主题，针对年轻女性展现服装店铺全方位的网店主题诉求，如图1-19所示。

至于"客户群"，可以理解为会进入网店页面的主要对象，这就好像商品交易的市场调查一样，一个越接近主客户群的商品，其市场的接受度越高。同样的宣传主题，但是针对的人群不同，在设计时就要考虑不同的页面风格。只有这样才能更加贴近客户群体，从而使自己的网店更具有竞争力，如图1-20所示为针对儿童的服装店铺。

第 1 章　网上开店前期企划

图 1-19　针对年轻女性的网店

图 1-20　针对儿童的服装店铺

17

其实在网上搭建店铺也算是商品的一种，怎么让网店具有高浏览率就是设计之前的规划重点，虽然我们不可能为了设计一个网店而进行市场调查，但是若能在网上店铺建立之前，先针对"网店主题"及"客户群"多与客户及团队成员讨论，以取得共识，一定可以让这个网店做得更加成功。同时也不会因为网店内容不合乎客户的需求，而导致人力、物力及财力的浪费。

绘制网店的页面规划

网店页面规划架构图是整个网上店铺的组织结构，也可以说是店内页面的分类方式，我们可以根据"网店主题"及"客户群"，考虑网上店铺需要哪些页面来放置商品及数据，这里我们以一个卖丝巾的网上店铺作为规划，有一个"首页"和四个二级页面，如图1-21所示。

图 1-21　页面规划

链接交互设计

浏览导航就像查看商场中的不同店铺，这些导航会引导各位到想要去的地方。不过网店中的各个页面之间就不会这么直观地来引导浏览者了，此时导航按钮的设计就显得非常重要。

（1）垂直链接顺序。

此种链接顺序是将所有的导航功能放置在首页界面，使用者必须回到首页之后，才能继续浏览其他页面，优点是设计容易，缺点是浏览的时候较为麻烦。如图1-22所示的箭头就代表浏览者可以链接的方向顺序。

图 1-22　垂直链接顺序

（2）水平与垂直链接顺序。

水平链接指的是在同级页面之间可以互相链接。同时具有水平与垂直链接顺序的导航设计便拥有容易浏览的优点，缺点是设计上较为繁杂，如图 1-23 所示。

图 1-23　水平与垂直链接顺序

> **提示**　不管各位想要采用何种设计，都一定要经过详细的讨论与规划，在每个页中都放置可直接回到首页的链接。

设定网店店铺的整体风格

页面风格就是网店界面的美术效果，可再细分为"首页"及"二级页面"的画面风格。其中"首页"属于网店的门面，一定要针对"网店主题"及"客户群"两大需求来进行设计。至于"二级页面"，因为是放置网上店铺中的各项内容，所以只要风格和"首页"保持一致即可，界面不需要太花哨，否则会让浏览者感觉无所适从，找不到重点。

在网店图片广告设计中，颜色搭配最好保持在 3 种色系以内，这样的页面看起来会非常轻松，使浏览者不会产生厌烦感。

另外，各个页面中的链接文字或图片数量则是依据"网店主题"进行设计的。在此建议各位先在纸上绘制相关草图，再由客户及团队成员共同决定，最后将其设计成网店效果。这样可以减少反复修改的麻烦，也会让客户有一种被重视的感觉。

前期预算

预算费用是网店设计中最不易掌控及最现实的部分。不论是网店布局、图片编修，或是请专人设计相关组件、视频动画、店铺动态等，都有一些必须支出的费用。无论如何，各位都要将可能支出的费用详列出来，以便进行预算费用的掌控，也可以尽量避免后期与客户产生经济纠纷。

工作分配及制定时间表

专业分工是目前市场的主流，在设计团队中，每个人依据自己的专长来分配网上店铺开发的各项工作，除了可以让网上店铺内容更加精致，更可以大幅度缩减开发时间。

不过专业分工的缺点是进度及时间较难掌控，因此在分工之后，还要再绘制一份开发进度的时间表，将各项设计的内容与进度作详细规划。在团队中也要有一个领导者专职进度掌控、作品收集及与客户的协调作业，以确保各个成员的作品不仅风格一致，也可以满足客户的需求。

关于网店的资料收集

以建构一个丝巾网店为例，丝巾图片、文字介绍及店铺 Logo 等，都必须由客户提供。各位可以根据网店架构中各个页面所要放置的数据内容，列出一份详细数据清单并让客户提供，此时可以请团队中的领导者随时和客户保持联系，作为与客户沟通的桥梁。图 1-24 所示即丝巾的网店效果展示。

图 1-24　网上店铺

1.6.2　设计时期

设计时期已经进入网店实际制作的部分，最重要的是对后面工作的整合及校正错误，如何让客户对整个网店作品感到满意，如何呈现整个网店中页面的功能，如何掌握页面之间的链接，都会在这个时期决定。

网店设计稿

最初的网店设计版面，我们应该先与客户沟通完毕后设计一个最原始的版面，在与客户达成共识后，再进行各个组件的精确设计。

网店页面组件设计

在进行网店设计之前，各位可以先将网店店招、素材图案、用于宣传的广告图片及视频动画设计好，最后进行网店效果组合。其实这个部分就是各个成员的工作内容，而分工的目的也在于此，每个人根据专长来设计网店中的各个功能组件，同时将客户所提供的图片进行调整，将文案进行修饰，等一些素材都准备完成后就进行页面的整合。

网店页面设计以及校正错误

到此步才能算网店设计，也才会真正运用到淘宝装修功能。我们先在淘宝装修中装修首页，新建自定义页面以及店铺动态页面等，然后将各个成员设计好的部分在此进行整合，以完成整个网店的搭建。网店搭建完成后，必须按照客户的意见进行进一步修改，以及针对网店中所有的功能内容进行测试，确保整个网店内容都正确无误。

因此，在之前设计工作时间表时，要记得将此段测试时间加入时间表中，免得网店搭建完成后没有进行测试的时间了。

1.6.3 保存与发布时期

保存与发布时期就简单很多，只需将整个网店内容在淘宝装修页面中进行保存并发布，就可以将网店中的效果展示在淘宝中，或在 PC 中输入 Url 地址来打开网上店铺，这就是这个时期的重点。

网店装修完毕进行保存并发布

通过淘宝装修设计与开发的网店，绝大多数还是在电脑中进行保存并发布操作的。

在淘宝中可以查看网店效果

在淘宝装修页面中保存后的网店，我们可以直接在淘宝中搜索店铺名称，也可以在网上直接输入 Url 地址进入网店进行浏览。

在 PC 端淘宝网店中添加二维码后，买家可以通过手机扫描二维码，快速进入卖家的手机淘宝店铺中，将生成的二维码打印出来，或者将其与其他平面媒体放在一起，好的广告及营销手法可以增进商品的市场占有率。

1.6.4 维护更新时期

定期对网店做内容维护及数据更新，是维持网店竞争力和宣传自己的不二法门。我们可定期或是在特定节日时,改变网店的风格样式,这样可以维系网店带给浏览者的新鲜感。而数据更新就是要随时注意的部分,避免商品在市面上已流通了一段时间,但网店上的数据却还是旧数据的状况发生。

另外,网店内容的扩充也是更新的重点之一。网店创建初期,内容及种类都会较为单一。但是时间一久,慢慢就会增加内容,让整个网店数据更加完备。因此,建议各位多去参考其他同类型的网店,或是相关数据书籍,勤做笔记,多下功夫,才能真正地让自己的网店立于不败之地。

1.7 网上开店

在淘宝开网店,通常可以将网店类型分为两类,第一类是实物店铺(衣服、首饰、化妆品、鞋包、数码商品、零食、玩具等),第二类是虚拟店铺(话费、QQ 业务、游戏点卡、软件、网络服务等)。淘宝网(www.taobao.com)由全球最佳 B2B 平台阿里巴巴公司投资 4.5 亿元创办,致力于成就全球首选购物网站。现在我们虽然不能说它是全球首选,但是说它是全国首选绝对是当之无愧的。淘宝网,顾名思义,没有淘不到的宝贝,没有卖不出的宝贝。因为淘宝网垄断了中国 90% 以上的网上购物市场,所以网上开店怎么开,没有特别说明的话,一般个人开店就是指如何在淘宝网上开店。下面就以在淘宝网开设店铺为例,为大家介绍一些相关知识、方法以及步骤等。

1.7.1 淘宝开设店铺的特点

在淘宝网开店与开实体店铺不同,只要你有一台能够正常上网的电脑就可以了,只需坐在电脑前查看交易即可,有买家了就通过支付宝收钱,通过快递公司将货物发给买家就可以完成一宗买卖,买家和卖家根本不需要见面。淘宝店铺与实体店相比所具有的特点如下。

浏览数量大,保证店铺的人气

现在淘宝网是中国较大的网店聚合平台,大量购买者在不同的店铺浏览,从而为其产生非常大的流量,几乎每一个年轻人都知道在淘宝网可以买到便宜的东西,这样一个庞大的购买群无形中就为淘宝聚集了不可估量的人气。

商品丰富

在淘宝网开网店不仅能卖东西,而且可以很方便地找到货源,有些网商足不出户,一个月就可以净赚几万元,而且从发货到收款,都有专门的人员替其进行处理。丰富的货源不仅更加节省成本,还能吸引大量的用户前来购买,无形中也增加了淘宝网网商的生意机会。

操作简单、功能全面

在淘宝网开网店，不仅操作简单，而且功能全面，基本上复杂的设计都不用用户自己处理，而且还有旺旺来加强网店卖家和顾客沟通的渠道，推出的支付宝系统也极大地加强了网络安全和诚信体系。在淘宝网上开网店，安全，方便！

成本低

在淘宝开店创业成本低，没有实体店铺的各种税费、门面租金等。开店注册是免费的，甚至在初期使用时都是免费的，虽然其延伸服务专业版到一颗星后，每个月的店铺使用、直通车推广等需要费用。如果需要对店铺进行高档一点的装修，可以花一些钱购买一套复合商品的装修模板，在上传宝贝时，有些商品会要求店主交 1000 元的保证金，保证金在店铺不开时是可以取出来的。而且，网店经营不需要水费、电费、管理费等方面的支出，无须专人全天候看守，大大节省了成本。

销售市场广阔

网店依托于互联网，只要上网的人就有可能成为店铺的浏览者或购买者。这个范围非常广，只要有网络的地方就能做生意，你的顾客可以是全国网民，甚至是全世界的网民。只要宣传得当、网店特点突出、价格合理、经营得法，就会为网店带来不错的访问量，销售量自然就会多起来。

经营灵活

网店不是实体店，是借助互联网进行经营的店铺，经营者可以是全职也可以是兼职，网店不需要专人进行时时看守，经营时间比较灵活，只要能够及时回复购买者的咨询就可以，可以通过随身携带的智能手机或 iPad 等移动设备进行操作。

网店还不受时间和地域限制，可以一天 24 小时全年无休地运营，不用考虑歇业。

1.7.2 网店开店的基本流程

在淘宝网开店之前，一定要先到银行办一张具有网银功能的银行卡。之后在淘宝网中进行开店的具体步骤如下。

操作步骤

1. 注册会员

（1）对于没有开过网店的新手来说，首先要在淘宝网上注册成为会员，打开淘宝网（www.

taobao.com）首页，单击左上角的"免费注册"按钮或在网页的右侧单击"免费注册"按钮，如图1-25所示。

图 1-25　选择注册

（2）单击"免费注册"按钮后，系统会进入"淘宝网账户注册"页面，首先会弹出一个"注册协议"窗口，直接单击"同意协议"按钮，此时在"设置登录名"标签中输入用于注册的手机号并向左拖动滑块进行注册，再单击"下一步"按钮，如图1-26所示。

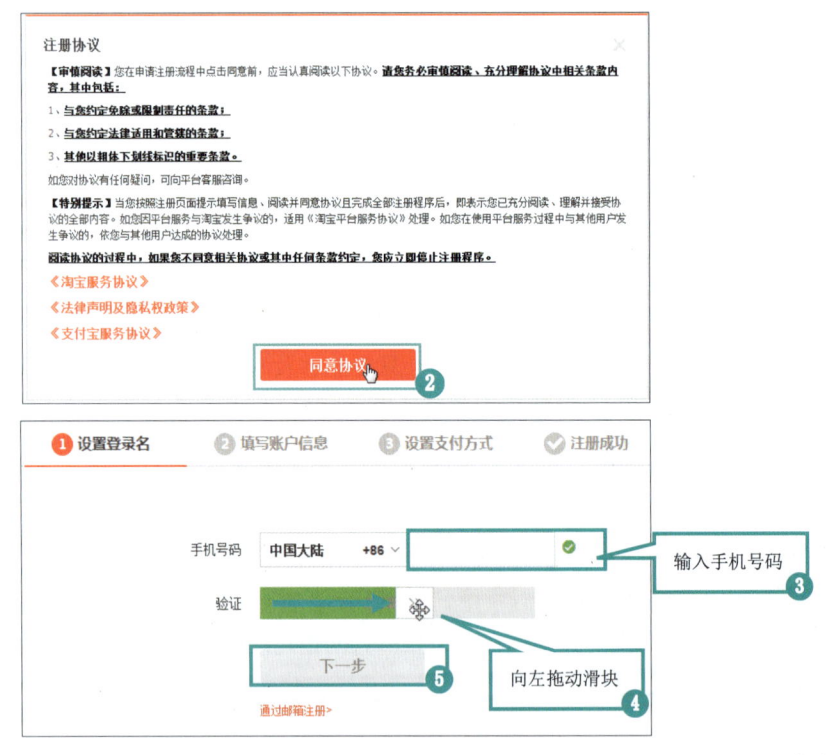

图 1-26　设置登录名

（3）进入"验证手机"界面，将接收的"校验码"填写完毕后单击"确定"按钮，如图1-27所示。

图 1-27　验证手机

（4）进入"填写账户信息"界面，设置相关选项，如图 1-28 所示。

图 1-28　填写账户信息

（5）单击"确定"按钮后，进入"设置支付方式"页面，如图 1-29 所示。

图 1-29　设置支付方式

（6）单击"获取校验码"按钮后，填写发送到手机上的校验码，如图 1-30 所示。

图 1-30　填写支付信息

（7）单击"同意协议并确定"按钮后，注册完成，此时会弹出如图 1-31 所示的页面。

图 1-31　完成注册

2. 免费开店

（1）在注册完毕的页面中直接单击"免费开店入口"按钮，进入"免费开店"界面，单击"个人开店"按钮，如图 1-32 所示。

图 1-32　选择个人开店

（2）进行支付宝实名认证，如图 1-33 所示。

图 1-33　支付宝实名认证

（3）单击"立即验证"按钮，出现的界面如图 1-34 所示。

图 1-34　验证

（4）单击"下一步"按钮，此时即完成了支付宝实名认证，如图 1-35 所示。

图 1-35　认证完成

（5）返回到"免费开店"页面，刷新页面后，会发现"支付宝实名认证"已经通过，如图1-36所示。

图1-36　通过实名认证

（6）单击"立即认证"按钮，由于本章讲解的是传统电子商务，所以进入"淘宝网身份认证"界面后选择"电脑认证"标签进行认证，拍照时可以参考旁边的示例，如图1-37所示。

图1-37　认证

（7）设置完成后单击"提交"按钮，一般要等两天才可以通过验证，通过验证后就可以进入店铺，上传宝贝后就可以经营了。

第 2 章

商品信息采集
【扫码阅读】

本章重点：

✦ 通过拍摄采集宝贝
✦ 视频的简单编辑
✦ 厂家图片下载

第 3 章

美工在网店中的作用

本章重点：

+ 宝贝图片处理
+ 网店图片多种抠图技巧
+ 图片在网店设计中的作用
+ 文案在网店美工中的作用

第 3 章　美工在网店中的作用

本章主要为大家介绍一种职业，专门为网上店铺进行装修设计的人员，我们将其称之为网店美工。设计旺铺应该了解的知识，就是网店美工应该具备的基本常识。

了解什么是网店美工，从事此职业时需要了解并掌握哪些知识，是本章的重要内容。

在网上买家看不到商品实物，图片就顺理成章地成为商品的替代，再卖力的吆喝都抵不上一张精美的图片，所以美工对于电商的重要性就不言而喻了。网店中的图片不只是一张图片这么简单，充分地使图文结合更能体现商品的价值。作为网店美工，最应该掌握的基本知识就是宝贝图片处理、文案运用、图文结合以及店铺首页的效果装修。

对于专业从事网店美工效果设计的人员来说，掌握并精通 Photoshop 就可以胜任图片处理与设计的工作了，如果想进一步地优化自己的作品，再接触一些矢量绘制方面的软件（如 CorelDraw、Illustrator、Flash 等）就如虎添翼了。如图 3-1 所示的图片为美工设计制作的钻展图。

图 3-1　网店中美工处理过的图片

3.1　宝贝图片处理

网店中出售的商品通常被称为宝贝，如果想在多数同类商品中拔得头筹，就得为宝贝进行精细加工，也就是俗称的图片处理。在为宝贝进行图片处理时，最主要的就是剪裁、倾斜校正、修饰宝贝图片、商品宝贝瑕疵修复，在处理过程中，细心是最大的法宝。

3.1.1　剪裁与倾斜校正

剪裁与倾斜校正通常就是将不符合大小或拍摄时有一些倾斜的图片，进行正确的裁剪和摆正，此时就应该掌握一些 Photoshop 方面的知识。

剪裁

Photoshop 软件中的裁剪功能可以将图片按任意大小进行裁剪，也可以按固定数值进行裁剪，网店中需要的图片通常都是有尺寸要求的，如图 3-2 所示。

31

图 3-2　宽度为 190px

技巧：在 Photoshop 中进行固定尺寸裁剪时，只要选择 ▣（裁剪工具），在属性栏中选择"宽 × 高 × 分辨率"，并设置"宽度""高度"和"分辨率"，在图片中裁剪即可，图 3-3 所示为裁剪店招背景图片。

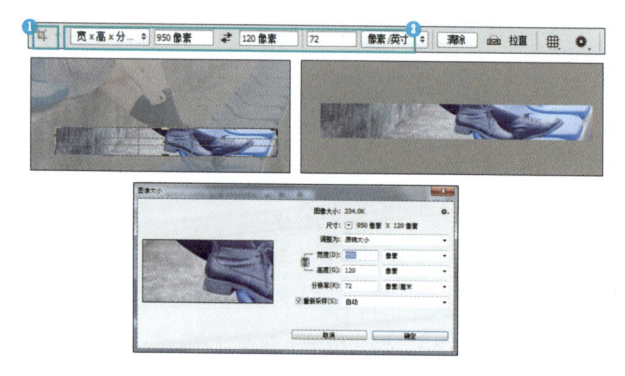

图 3-3　固定裁剪

网店中需要的图片尺寸取决于淘宝后台的要求，不同的区域图片的大小是不同的，下面就详细说明一下各个区域的图片尺寸。

- 店标：文件格式为 GIF、JPG、JPEG、PNG，文件大小为 80KB 以内，建议尺寸 80 像素 × 80 像素。
- 店招：宽度为 950 像素，高度建议不超过 120 像素。
- 全屏通栏广告：宽度为 1920 像素，高度尽量根据首屏的高度进行设置，建议 500 像素～ 600 像素。
- 标准通栏广告：宽度为 950 像素，高度尽量根据首屏的高度进行设置，建议 500 像素～ 600 像素。
- 轮播图：不同区域的轮播图宽度不同，高度必须是 100 像素～ 600 像素，宽度可以是 1920 像素、950 像素、750 像素和 190 像素。
- 自定义内容区：如果分成左右两个部分，宽度为 190 像素和 750 像素两种，高度根据广告内容自行设置。

- 宝贝图片：必须是 1∶1 的正方形，长和宽可以在 300 像素～ 800 像素。
- 宝贝详情页：宽度 750 像素，高度可以根据内容自行设置。

倾斜校正

对于图片的倾斜校正，就是通过 Photoshop 快速将图片内容按正确位置进行旋转，并进行二次裁剪，也就是对宝贝图片进行二次构图，具体操作如下。

操作步骤

（1）执行菜单命令"文件/打开"或按 Ctrl+O 组合键，打开本书配套资源中的"素材文件/第 3 章/倾斜图像"素材，如图 3-4 所示。

（2）选择 ❶（裁剪工具）❶后，在属性栏中单击"拉直"按钮❷，如图 3-5 所示。

图 3-4　素材　　　　　图 3-5　选择并设置工具

（3）使用 ❶（裁剪工具）在图片中本应为水平的方向上拖动鼠标❸❹，如图 3-6 所示。

图 3-6　拖动水平线

（4）按回车键完成对倾斜图片的校正，如图 3-7 所示。

图 3-7　校正后

> **提示**　在拍摄图片时，由于角度、距离或相机的问题，常常会使图片中被拍摄的人物或景物产生透视效果，让人看起来非常不舒服，这时我们只要使用 ▣（透视裁切工具）轻松地进行几步操作就能将其修复，如图3-8所示。

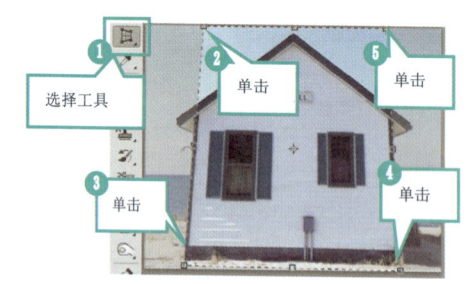

图3-8　校正透视

横幅变直幅

当我们使用数码相机拍摄图片时，由于相机没有自动转正功能，有时会使输入到电脑中的图片由直幅变为横幅效果，此时将其直接上传到网店中会使人看起来很不舒服，这会使商品的成交率大大下降。此时，即可利用Photoshop快速将横幅图片转换成直幅图片，转换方法如下。

操作步骤

（1）启动Photoshop软件，打开本书配套资源中的"素材/第3章/横幅图片"，如图3-9所示。

图3-9　素材

（2）执行菜单命令"图像/图像旋转"，在子菜单中便可以通过相应命令来对其进行更改，如图 3-10 所示。

图 3-10　将横幅图片转换为直幅效果

> **提示**　在 Photoshop 中使用"变换"命令对图片进行旋转时，图片的最后显示高度只能是原图横躺时的高度，超出的范围将不会被显示，如图 3-11 所示。

图 3-11　通过"变换"命令旋转的直幅效果

> **提示**
>
> 校正图片时，应该注意以下几点：
>
> （1）保持图片的清晰度，不要将图片拉伸或扭曲。
>
> （2）宝贝图片要居中，大小要合适，不能为了突出细节而造成主体过大，这样会使买家看着不舒服，分不清主次，不能快速了解商品。
>
> （3）宝贝图片背景不能太乱，要与主体相配合。

3.1.2　修饰宝贝图片

如果在网店中展示的商品图片是自己拍摄的，你一定会考虑两个问题：希望买家看了你的商品图片而购买商品；不想让自己辛苦拍摄并处理的商品图片稍加篡改就变为他人的商品图片。此时，一定要为图片添加相应的版权保护设置，例如加一些水印、保护线或一些说明文字等。

为商品添加保护线

上传到网店中的商品图片，有时会被别人盗用，如果不想被别人盗用，可以考虑通过 Photoshop 为商品添加版权保护线，从而减少别人盗用的机会。因为图片被添加保护线后会增加被盗用的难度，所以想盗用图片的人会因修图很烦琐而放弃，如图 3-12 所示为添加保护线的效果。

图 3-12　添加保护线效果

> **提示**：添加的保护线最好不要遮住商品本身，在图片中既要与主体相融合，又要起到保护图片的作用。切记不要抢了图片本来的第一视觉点。

为商品添加文字水印

为图片添加文字水印，除了能增加其专业性和整体感，还能保护自己的图片被外人盗用，添加的文字水印一般都比较淡，不会影响商品本身的观赏性，如图 3-13 所示。

图 3-13　添加的文字水印

> **提示**：为网拍商品添加文字水印时，最好在不影响整体美观的前提下将水印放置到纹理较复杂的区域，这样盗用者修改起来会非常麻烦，间接地保证了网店商品的唯一性。

为商品添加图片商标或图片水印

为图片添加水印,不但可以直接输入文本,还可以将具有本店特征的图片直接添加到商品图片中。图片性质的水印可以是本店的商标,也可以是文字与图形相结合的图片,这样做也可以防止自己辛苦得到的图片被盗用,如图 3-14 所示。

图 3-14　添加的图片水印

提示　将文字与图片结合后制作成半透明水印,既不影响商品图片的整体效果,也不会抢了图片本来的视觉点,添加的图片水印最好放置到商品图片的边缘位置,如图 3-15 所示。

图 3-15　透明水印

为商品添加情趣对话

网拍商品直接放在网店中销售,浏览者只能以欣赏商品的目光来看待商品,如何为商品增加更多的人气,是每个店家都会考虑的事情。如果我们销售的是卡通商品,那么我们为商品图片添加一些情趣对话,无疑就会吸引购买者驻足,在买家的购买冲动时间内快速增加其对该商品的喜欢程度,这样成交的概率也会增大,如图 3-16 所示。

图 3-16　添加情趣对话

37

快速为多个商品添加文本水印

网店中的商品图片会有很多，使用 Photoshop 中的画笔工具定义一个画笔，就可以快速为宝贝图片添加统一类型的文本或图片水印，如图 3-17 所示。

图 3-17　为多个图片添加水印

> **提示**：打开多个素材后，使用画笔即可以添加水印，最好先在图片大致相同的位置添加水印后，再将图片上传到网店中。

快速为多个图片添加同一个水印是一件很费时的事，本例教大家在 Photoshop 中通过定义画笔，使用画笔工具快速添加统一风格的水印。定义画笔并添加水印的具体操作如下。

操作步骤

（1）启动 Photoshop，打开一张商品图片并输入文字，如图 3-18 所示。

图 3-18　打开素材并输入文字

（2）按 Ctrl+T 组合键调出变换框，拖动控制点将文字旋转，如图 3-19 所示。

（3）按回车键完成变换，按住 Ctrl 键的同时单击文字图层的缩略图，调出文字的选区，如图 3-20 所示。

第 3 章　美工在网店中的作用

图 3-19　旋转变换　　　　图 3-20　调出文字选区

> **提示**：将文字或图片定义成画笔时最好使用黑色，这样定义的画笔颜色会重一些。

（4）执行菜单命令"编辑/定义画笔预设"，打开"画笔名称"对话框，设置"名称"为"画笔水印"，如图 3-21 所示。

图 3-21　"画笔名称"对话框

（5）单击"确定"按钮，按 Ctrl+D 组合键去掉选区，隐藏文字图层，新建一个"图层 1"，如图 3-22 所示。

（6）在"工具箱"中选择 （画笔工具），在"画笔拾色器"中找到"画笔水印"笔触，如图 3-23 所示。

图 3-22　面板　　　　图 3-23　选择水印

39

> 提示
>
> 定义的画笔可以应用在打开的不同图片中，对于大小不同的图片，我们只需调整画笔大小即可。

（7）将"前景色"设置为"白色"，"不透明度"设置为35%，在素材上使用 （画笔工具）单击即可添加多个水印，效果如图3-24所示。

图 3-24　最终效果

3.1.3　商品宝贝调色处理

为宝贝拍摄时并不是所有的图片都能达到理想效果，有时因为环境问题，拍出的图片会出现发暗、曝光不足、颜色不正等瑕疵，本节就通过案例为大家讲解利用 Photoshop CC 校正此类问题的方法。

处理曝光不足的图片

在太阳下或光线不足的环境中拍摄时，如果没有做好相机的设定，就会拍出太亮或太暗的图片。如果是曝光不足的图片，画面会出现发灰或发黑的效果，从而影响图片的质量，要想将图片以最佳状态进行储存，一是在拍照时调整好光圈、角度和位置，以得到最佳效果；一是将图片拍坏后，使用 Photoshop 对其进行修改，得到最佳效果。本例就为大家讲解使用"色阶"命令修正因曝光不足而产生的发灰效果。具体操作如下。

操作步骤

（1）启动 Photoshop，打开一张曝光不足的图片，如图3-25所示。

（2）通过观察打开的素材，我们会发现图片好像被蒙上了一层灰色，让人看起来十分不舒服。下面我们就将初始的灰色去掉，执行菜单命令"图像/调整/色阶"或按 Ctrl+L 组合键，打开"色阶"对话框，如图3-26所示。

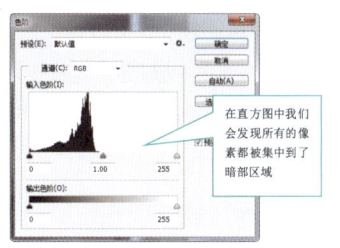

图 3-25　素材　　　　　　图 3-26　"色阶"对话框

（3）向左拖曳"高光"控制滑块到有像素分布的区域，如图 3-27 所示。

技巧：在"色阶"对话框中，直接拖动控制滑块可以对图片进行色阶调整，在文本框中直接输入数值同样可以对图片的色阶进行调整。

（4）设置完毕后，单击"确定"按钮，此时的效果就是已经校正了曝光不足的效果，如图 3-28 所示。

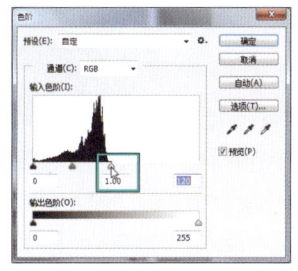

图 3-27　拖动控制滑块　　　　　　图 3-28　调整后

技巧：对于初学者来说，使用对话框有可能不太习惯，大家可以直接通过命令调整曝光不足产生的图片发灰发暗现象，只要执行菜单命令"图像/自动色调"就可以快速调整曝光不足，如图 3-29 所示。

图 3-29　自动色调

注意：Photoshop CC 版本中的"自动色调"命令，在 Photoshop CS 3 之前的版本中为"自动色阶"命令。

调整图片对比，增加层次感

由于对照相机控制不佳或光线过强，会拍摄出图片整体发白的效果，使其对比不够强烈。下面我们就使用 Photoshop 对发白的图片进行对比度调整。

操作步骤

（1）启动 Photoshop，打开一张对比不强的图片，如图 3-30 所示。

（2）在"图层"调板中单击"创建新的填充或调整图层"按钮，在弹出的菜单中选择"色阶"命令，打开"色阶"调整属性面板，在直方图中将"阴影"控制滑块向有像素分布的右侧拖曳，如图 3-31 所示。

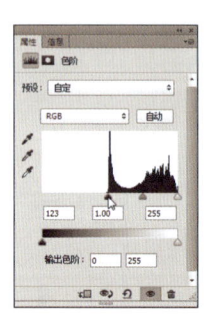

图 3-30　素材　　　　　　　　　图 3-31　拖动控制滑块

（3）调整后的效果如图 3-32 所示。

图 3-32　调整后

技巧：对于初学者来说，使用对话框有可能不太习惯，大家可以直接通过命令调整对比度不强烈的图片，只要执行菜单命令"图像/自动对比度"就可以快速调整。

处理偏色的图片

由于拍摄问题，常常会出现一些偏色的图片，本例就带领大家使用 Photoshop 轻松修正图片偏色的问题，以还原相片本色。具体操作如下。

操作步骤

（1）启动 Photoshop，打开一张偏色图片，如图 3-33 所示。

（2）从打开的素材中我们看到图片有偏色问题，下面就对其进行处理。执行菜单命令"窗口/信息"，打开"信息"调板，在"工具箱"中选择 🖋（吸管工具），设置"取样大小"为"3×3 平均"，如图 3-34 所示。

图 3-33　素材　　　　　　　图 3-34　设置吸管工具

注意：如果想确认图片是否偏色，最简单的方法就是使用"信息"面板查看图片中灰色的位置，因为灰色属于中性色，这些区域的 RGB 颜色值应该是相等的，如果发现某个数值太高，就可以判断该图片为偏色图片。

提示　　在图片中寻找灰色的区域时，可以寻找灰色路灯杆、灰色路面、墙面等。由于每个显示器的色彩都存在一些差异，所以我们最好先使用"信息"面板进行精确判断，再对其进行修正。

（3）要想确定是否偏色，只能在灰色区域看 RGB 的数值。选择 🖋（吸管工具）后，将鼠标指针移到图片中本应为灰色的路面上，此时在"信息"面板中发现 RGB 值明显不同，绿色远远高于红色与蓝色，说明图片为多绿问题，如图 3-35 所示。

图 3-35　查找灰色

（4）在"图层"调板中单击"创建新的填充或调整图层"按钮，在弹出的菜单中选择"色阶"命令，打开"色阶"属性面板，由于图片多绿，所以选择"绿通道"，向右拖动"阴影"控制滑块和"中间调"滑块，使图片中的绿色减少，如图 3-36 所示。

图 3-36　调整色阶

（5）再次将鼠标指针移到灰色区域，在"信息"面板中，发现 RGB 值已经比较接近，证明已经不偏色了，如图 3-37 所示。

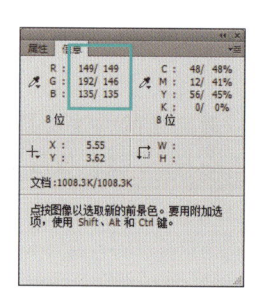

图 3-37　"信息"面板

技巧：偏色还可以通过"色彩平衡"命令和"曲线"命令进行调整，"曲线"也是调整通道内的参数，"色彩平衡"是调整面板中的颜色对比色，如图 3-38 所示。

图 3-38　调整偏色

增加多种商品颜色

现在的商品琳琅满目，五颜六色，但是在进行拍照时，可能商品不齐全，有些颜色的还没有到货，等到商品到货后，再拍照会浪费很多时间，这时我们只要使用 Photoshop 中的"色相/

饱和度"调整功能，就可以轻松将一种颜色变为多种颜色，具体操作如下。

操作步骤

（1）启动 Photoshop 软件，打开一张网拍女鞋图片，如图 3-39 所示。

（2）在"图层"调板中单击"创建新的填充或调整图层"按钮，在弹出的菜单中选择"色相/饱和度"命令，如图 3-40 所示。

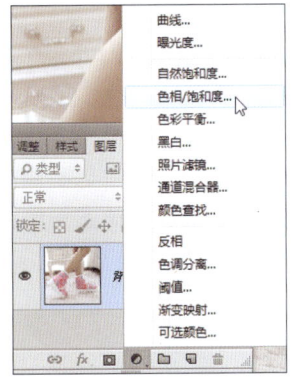

图 3-39　素材　　　　　　图 3-40　选择调整图层

（3）在打开的"色相/饱和度"属性面板中，由于调整的只是鞋的颜色，这里我们选择"洋红"，之后拖动"色相"控制滑块，此时通过预览可以看到鞋子中洋红的颜色发生了变化，如图 3-41 所示。

图 3-41　调整色相

（4）在"色相/饱和度"属性面板中调整不同"色相"参数，可以得到多种颜色，效果如图 3-42 所示。

图 3-42　调整颜色

技巧：使用"色相/饱和度"调整颜色时，调整范围如果选择单色进行调整图片，会只对选取的颜色进行调整，如果选择的是全图，会针对所有颜色进行调整，创建选区后可以只对选区内的图片进行调整，如图 3-43 所示。灰度图片要想改变色相，必须先勾选"着色"复选框。

图 3-43　调整局部颜色

3.1.4　商品宝贝瑕疵修复

在网店中出售商品是离不开图片的，如果只用文字描述商品，则会大大降低买家对该商品的兴趣，一张好的商品图片不但可以直观地展示该商品所具有的图形信息，还能让买家看到商品的主要特色，从而加大成交的机会，为店主创造利润。对于大多数店主来说，拍好一张商品图片不是一件容易的事情，环境光线、商品摆放角度、没有移走的其他物品或照相机自动添加的日期都会对图片造成影响，如图 3-44 所示。

图 3-44　图片中的瑕疵

46

内容识别填充修复图片中的污点

"内容识别"填充可以结合选区来将图片中的多余部分进行快速修复（例如拍摄时宝贝边缘的杂物、背景中的人物、溅到宝贝上的污渍等），该功能主要是用选区外部周围的像素，将选区内部的像素进行融合修复。具体操作如下。

操作步骤

（1）启动 Photoshop，打开一张素材，如图 3-45 所示。

（2）在打开的素材中明显可以看到有几处黑色的区域，使用 ◯（椭圆选框工具）在污渍上创建椭圆选区，确保物品被圈进选区中，如图 3-46 所示。

图 3-45　素材　　　　图 3-46　创建选区

（3）执行菜单命令"编辑/填充"，打开"填充"对话框，在"使用"下拉列表中选择"内容识别"选项，如图 3-47 所示。

图 3-47　"填充"对话框

（4）设置完毕后，单击"确定"按钮，此时选区内的杂物已经被清除掉了，按 Ctrl+D 组合键去掉选区，最终效果如图 3-48 所示。

图 3-48　最终效果

污点修复画笔工具修复图片中的瑕疵

使用 ◩（污点修复画笔工具）可以十分轻松地将图片中的瑕疵修复。该工具的使用方法非常简单，只要将鼠标指针移到要修复的位置，再拖动鼠标即可对图片进行修复，原理是使修复区周围的像素与之相融合来完成修复结果。

◩（污点修复画笔工具）常用于快速修复图片或照片。该工具的使用方法是在图片中要修掉的图片上按下鼠标并拖动，即可完成修复，如图3-49所示。

图3-49 修复

> **提示**：使用污点修复画笔工具修复图片时，最好将画笔调整得比污点大一些，如果修复区的边缘像素反差较大，建议在修复周围先创建选取范围再进行修复。

修复画笔工具修复图片中的水印

使用 ◩（修复画笔工具）可以对被破坏的图片或有瑕疵的图片进行修复。使用该工具进行修复时要先进行取样（取样方法为按住Alt键的同时在图片上单击），再使用鼠标在被修复的位置上涂抹。使用样本像素进行修复的同时，可以把样本像素的纹理、光照、透明度和阴影与所修复的像素相融合。◩（修复画笔工具）常用于修复瑕疵图片。

◩（修复画笔工具）的使用方法是：在需要被修复的图片周围按住Alt键并单击鼠标，设置源文件的选取点❶后松开鼠标，将指针移动到要修复的地方，按住鼠标跟随目标选取点拖动❷，便可以轻松修复❸，如图3-50所示为修复图片的过程。

图 3-50　修复瑕疵

在网上下载的图片难免会有水印，▨（修复画笔工具）可以非常轻松地将水印清除，具体操作如下。

操作步骤

（1）启动 Photoshop 软件，打开一张有水印的"水印图片 .jpg"素材，如图 3-51 所示。

（2）选择▨（修复画笔工具），在选项栏中设置"画笔"直径为"19"，"模式"为"正常"，勾选"取样"单选框，按住 Alt 键，在水印下面的蓝条边缘处单击鼠标左键进行取样，如图 3-52 所示。

图 3-51　素材　　　　　　图 3-52　设置"修复画笔工具"

提示　使用▨（修复画笔工具）修复图片时，取样时最好按照被修复区域应该存在的像素，在附近进行取样，这样能将图片修复得更好一些。

（3）取样完毕后，将鼠标移到水印文字上，拖动鼠标覆盖整个文字区域，反复取样对水印进行修复，过程如图 3-53 所示。

图 3-53　修复过程

（4）使用同样的方法，将修复后产生的边缘进行进一步修复，使图片看起来更加完美，效果如图 3-54 所示。

图 3-54　修复后

修补工具清除图片中的日期

现在的照相机都有拍摄图片的同时留下拍摄日期的功能，如果我们没有将该功能关闭，在拍摄的图片中会出现当前图片拍摄时的日期，出现日期的图片是不适合作为网店商品的，此时就需要通过 Photoshop 将图片中的日期清除掉。

（修补工具）会将样本像素的纹理、光照和阴影与源像素进行匹配。（修补工具）常用于快速修复瑕疵较少的图片，修复的效果与（修复画笔工具）类似，只是使用方法不同。

该工具的使用方法是通过创建的选区来修复目标或源，如图 3-55 所示。

图 3-55　修补工具修复过程

技巧：在使用（修补工具）修补图片时，可以使用其他的选区工具创建选区范围。

用于拍摄的数码相机，大多数会将拍摄的日期添加到图片中，如果直接使用此图片，在视觉上一定会影响美观，使用（修补工具）可以十分轻松地将日期清除，具体操作如下。

> 操作步骤

（1）启动 Photoshop 软件，打开一张拍摄时带有日期的素材图片，如图 3-56 所示。

（2）选择 ◉（修补工具），在属性栏中选择"修补"为"内容识别"，"自适应"为"中"，使用 ◉（修补工具）在图片中文字区域按住鼠标拖动创建选区，如图 3-57 所示。

图 3-56　素材　　　　　　图 3-57　设置"修补工具"

（3）创建完选区后，在选区内按下鼠标并向右上方拖动，拖动的同时尽量找与文字背景相近的图片区域，如图 3-58 所示。

（4）松开鼠标系统会自动将其修复。按 Ctrl+D 组合键去掉选区，完成修补，效果如图 3-59 所示。

图 3-58　修补过程　　　　　　图 3-59　最终效果

> 提示：利用 ◉（修补工具）修复瑕疵时创建的选区，可以使用任何选取工具进行创建。

将模糊图片调清晰

使用照相机进行网拍时，受外界环境的影响，常常会使图片有一种模糊的感觉，或者由于拍摄技术，很多图片都会变得有些模糊，此时只要使用 Photoshop 进行锐化处理，便可以将图片变得清晰一些，具体的调整方法如下。

操作步骤

（1）启动 Photoshop，打开一张网拍有点模糊的宝贝图片，如图 3-60 所示。

打开图片后，我们发现图片有一些模糊，如果直接将此图片上传到网店中，势必会影响此商品的销量。

下面我们就对模糊的效果进行调整，在 Photoshop 中只要使用"USM 锐化"命令即可，执行菜单命令"滤镜/模糊/USM 锐化"，打开"USM 锐化"对话框，其中的参数值设置如图 3-61 所示。

图 3-60　素材　　　　图 3-61　"USM 锐化"对话框

技巧：使用"USM 锐化"滤镜对模糊图片进行处理时，可根据图片中的图片进行参数设置，近身半身像参数可以比本例的参数设置小一些，可以设定为（数量：75%、半径：2像素、阈值：6色阶）；若图片为主体柔和的花卉、水果、昆虫、动物，建议设置（数量：150%、半径：1像素、阈值：根据图片中的杂色分布情况，数值大一些也可以）；若图片为线条分明的石头、建筑、机械，建议设置半径为 3 像素或 4 像素，但是同时要将数量值稍微减弱，这样才不会导致像素边缘出现光晕或杂色，阈值则不宜设置太高。

（2）设置完毕后，单击"确定"按钮，效果如图 3-62 所示。

图 3-62　最终效果

技巧：对于一般模糊的图片，只要执行菜单命令"滤镜／锐化／锐化"，即可将图片调整清晰。

对模特面部进行磨皮美容

在为服装拍摄图片时，往往会找到适合当前服装的模特作为拍摄载体，但是有时会因为光线或对照相机不熟悉而造成模特肌肤不够美、不够白，从而间接影响服装的魅力程度。再美的服装也要模特来衬托，漂亮的模特会大大提升服装本身的价值。本例就教大家为图片中的服装模特磨皮的方法，具体操作如下。

操作步骤

（1）启动 Photoshop，打开一张图片，如图 3-63 所示。

（2）选择 （污点修复画笔工具）❶，在属性栏中设置"模式"为"正常"，"类型"为"内容识别"❷，在模特脸上雀斑较大的位置单击❸，对其进行初步修复，如图 3-64 所示。

图 3-63　素材　　　　　　　图 3-64　使用污点修复画笔工具

（3）执行菜单命令"滤镜/模糊/高斯模糊"，打开"高斯模糊"对话框，设置"半径"为"6.5"像素❹，如图 3-65 所示。

图 3-65　"高斯模糊"对话框

(4)设置完毕后,单击"确定"按钮,效果如图3-66所示。

(5)选择🖌(历史记录画笔工具)❻,在属性栏中设置"不透明度"为"38%","流量"为"38%"❻。执行菜单命令"窗口/历史记录",打开"历史记录"面板,在面板中"高斯模糊"步骤前单击调出恢复源❼,再选择最后一个"污点修复画笔"选项❽,使用🖌(历史记录画笔工具)在人物的面部涂抹❾,如图3-67所示。

图3-66 模糊后

图3-67 恢复

> **提示**：在使用🖌(历史记录画笔工具)恢复某个步骤时,将"不透明度"与"流量"设置得小一些可以避免恢复过程中出现较生硬的效果,可以在同一点进行多次涂抹修复,而不会对图片造成太大的破坏。

(6)使用🖌(历史记录画笔工具)在人物的面部需要美容的位置进行涂抹,可以在同一位置进行多次涂抹,修复过程如图3-68所示。

图3-68 修复过程

(7)在模特的脸部进行精心涂抹,直到满意为止,效果如图3-69所示。

图 3-69　磨皮后

> **提示**：若因为拍摄环境或模特本身皮肤较黑而进行肤色美白时，通过"色阶"调整命令或直接使用 🔍（减淡工具）在皮肤处涂抹，就可以快速将皮肤进行美白，如图 3-70 所示。

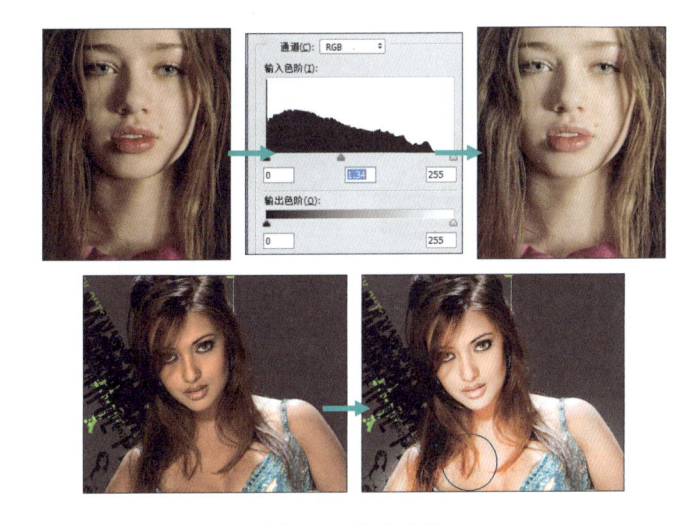

图 3-70　美白皮肤

3.2　网店图片多种抠图技巧

无论是为单一的商品替换背景，还是为一系列商品统一背景，都需要对商品本身进行抠图。如果制作商品的合成广告就更少不了抠图这个过程。本节主要为大家介绍通过各种抠图方法将网拍的商品进行背景替换，使商品本身更突出，在图片视觉中引起买家的注意力，从而间接增加网店销量，如图 3-71 所示的图片为更换背景前后的对比。

55

图 3-71　网店中替换背景的商品

3.2.1　规则形状抠图

　　为商品拍照后想将拍摄的商品整体移到自己喜欢的背景中，为商品进行规则几何抠图可分为圆形与矩形。对规则形状进行抠图时，常用的工具就是选区工具组中的▭（矩形选框工具）和◯（椭圆选框工具）。这两个工具的使用方法大致相同，都是在图片中按住鼠标，并向对角线方向拖动，松开鼠标即可创建选区，如图 3-72 所示。

第 3 章　美工在网店中的作用

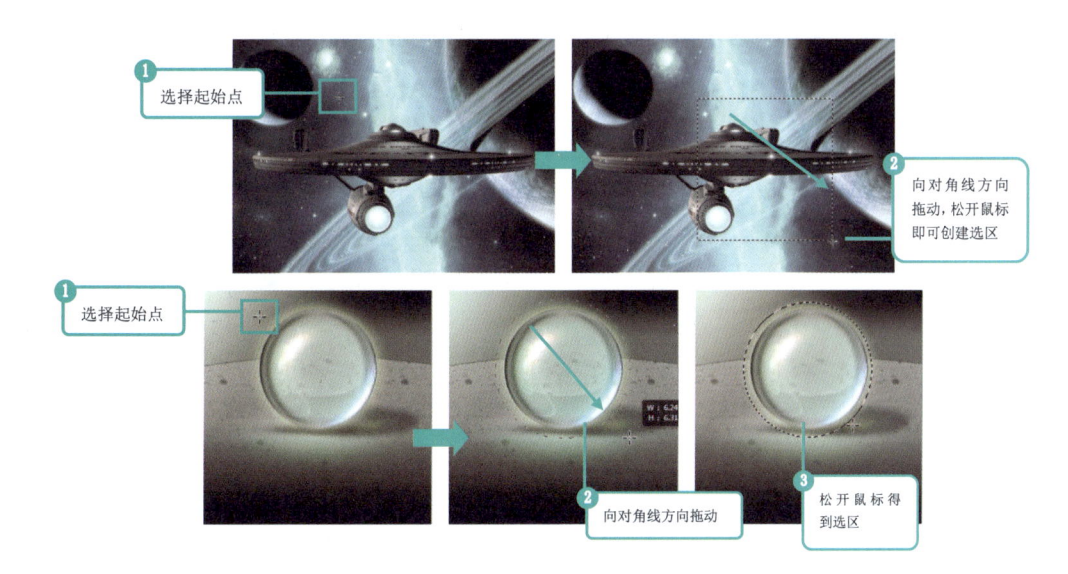

图 3-72　规则选区的创建

技巧：绘制矩形选区的同时按住 Shift 键，可以绘制出正方形选区。绘制椭圆形选区的同时按住 Shift 键，可以绘制出圆形选区。选择起始点后，按住 Alt 键可以以起始点为中心向外创建椭圆形选区；选择起始点后，按住 Alt+Shift 组合键可以以起始点为中心向外创建圆形选区。

矩形选区替换图片背景

（矩形选框工具）主要应用在对图片选区要求不太严格的矩形图片中，如手机、书籍等抠图对象。具体的抠图方法如下。

操作步骤

（1）启动 Photoshop 软件，打开本书配套资源中的"素材 / 第 3 章 / 手机和手机背景"素材，如图 3-73 所示。

图 3-73　素材

57

（2）将"手机"素材作为当前编辑对象，在工具箱中选取 ▭（矩形选框工具）后，在手机正面周围创建选区，如图 3-74 所示。

（3）执行菜单命令"选择 / 修改 / 平滑"，打开"平滑选区"对话框，设置"取样半径"为 15 像素，单击"确定"按钮，效果如图 3-75 所示。

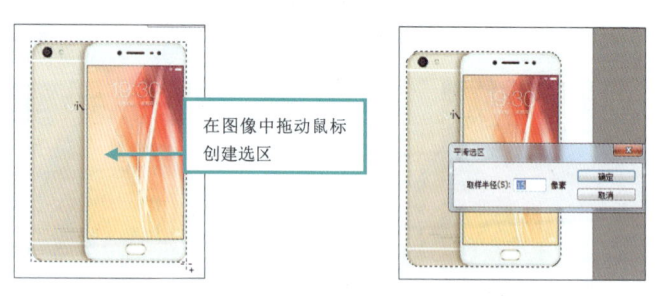

图 3-74　创建选区　　　　图 3-75　设置平滑

（4）使用 ▸✥（移动工具）将选区内的图片拖动到"手机背景"素材中，调整手机大小完成背景替换，效果如图 3-76 所示。

图 3-76　替换背景

椭圆形选区替换图片背景

◯（椭圆形选框工具）主要应用在椭圆形或圆形图片中，例如钟表、足球等，使用方法与 ▭（矩形选框工具）大致相同，具体操作流程如图 3-77 所示。

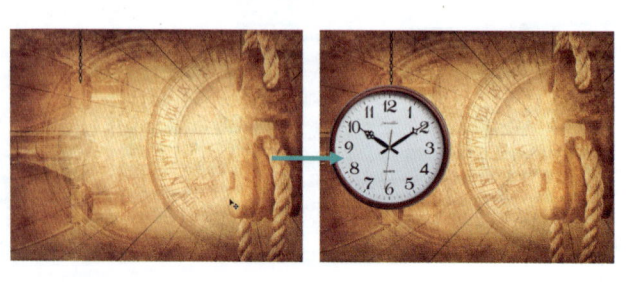

图 3-77　椭圆形选区替换背景

> **提示** 通过矩形选框工具或椭圆形选框工具创建选区后抠图，如果设置不同的羽化值，可以使两个图片之间融合得更加贴切，图3-78所示的效果分别为羽化值设置为0、30、60和120时替换背景的效果。

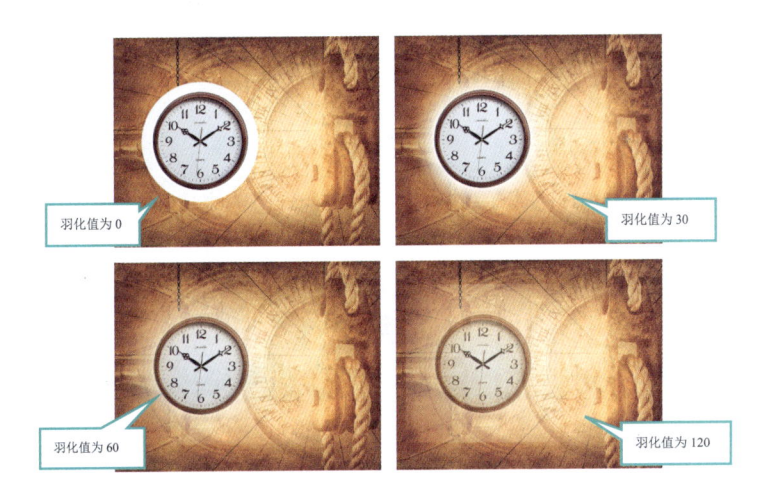

图 3-78　不同羽化值抠图的结果

3.2.2　简单背景抠图

对于拍摄的商品图片进行抠图时，如果背景色是单色的，抠图时可以使用 （魔术橡皮擦工具）、 （快速选择工具）和 （魔棒工具），这三种工具可以通过智能运算的方式进行图片选取。

魔术橡皮擦工具抠图

使用 （魔术橡皮擦工具）可以快速去掉图片的背景。该工具的使用方法非常简单，只要选择要清除的颜色范围，单击即可将其清除，删除背景色后的图片可以直接拖曳到新背景图片中，如图3-79所示。

图 3-79　魔术橡皮擦工具抠图

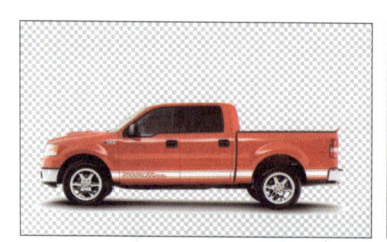

图 3-79　魔术橡皮擦工具抠图（续）

快速选择工具抠图

使用 ![] （快速选择工具）可以快速在图片中对需要选取的部分建立选区，使用方法非常简单，选择该工具后，在图片中拖动指针即可将经过的地方创建选区。下面以实例的方式进行讲解，具体操作如下。

操作步骤

（1）启动 Photoshop 软件，打开一张羽绒服素材图片，如图 3-80 所示。

（2）在工具箱中选择 ![] （快速选择工具）❶，在属性栏中设置"画笔直径"为 23 ❷，在羽绒服上按下鼠标并拖动创建选区，如图 3-81 所示。

图 3-80　打开素材　　　　图 3-81　创建选区

第 3 章　美工在网店中的作用

（3）使用 在整个羽绒服上按下鼠标并拖动，创建整个选区，如图 3-82 所示。

图 3-82　创建选区过程

（4）选区创建完毕后，抠图也就成功了，打开"羽绒服背景"素材，使用 将"羽绒服"素材中的选区图片拖动到"羽绒服背景"素材中，复制副本调整为不同颜色，完成背景替换，如图 3-83 所示。

图 3-83　抠图效果

魔棒工具抠图

使用 能选取图片中颜色相同或相近的像素，像素之间可以是连续的也可以是不连续的。通常情况下，使用 可以快速创建图片颜色相近像素的选区，创建选区的方法非常简单，只要在图片中某个颜色像素上单击，系统便会自动以该选取点为样本创建选区，反选选区后，可以移动图片到新背景中，如图 3-84 所示。

图 3-84　替换背景

61

3.2.3 复杂图形抠图

拍摄商品的类型不同形状也会不同,对于不规则形状的宝贝进行抠图时,就需要使用一些操作比较复杂的工具。本节为大家介绍一下 、和 在抠图时的使用方法。

多边形套索工具

通常用来创建较为精确的选区。创建选区的方法也非常简单,在不同位置上单击鼠标,即可将两点以直线的形式连接,起点与终点相交时单击即可得到选区,如图 3-85 所示。

图 3-85 创建多边形选区

技巧:使用 绘制选区时,按住 Shift 键可沿水平、垂直或 45 度角的方向绘制选区;在终点没有与起始点重叠时,双击鼠标或按住 Ctrl 键的同时单击鼠标即可创建封闭选区。

磁性套索工具

可以在图片中自动捕捉具有反差颜色的图片边缘,并以此来创建选区,此工具常用在背景复杂但边缘对比度较强烈的图片中。创建选区的方法也非常简单,在图片中选择起点后沿边缘拖动鼠标即可自动创建选区,如图 3-86 所示。

图 3-86 使用磁性套索工具创建多边形选区

图 3-86　使用磁性套索工具创建多边形选区（续）

技巧：使用 ▣（磁性套索工具）创建选区时，单击鼠标也可以创建矩形标记点，用来确定精确的选区；按键盘上的 Delete 键或 Backspace 键，可按照顺序撤销矩形标记点；按 Esc 键可以消除未完成的选区。使用 ▣（磁性套索工具）创建选区时按住 Alt 键，可以变为 ▣（多边形套索工具），松开 Alt 键后，单击鼠标即将工具恢复成 ▣（磁性套索工具）。

磁性套索工具与多边形套索工具结合进行抠图

本节为大家讲解 ▣（多边形套索工具）和 ▣（磁性套索工具）相结合的方法，对商品进行创建选区并抠图。由于本节主要为大家讲解两个工具配合使用进行抠图，所以为大家选取了一个音响素材作为联系对象，具体操作过程如下。

操作步骤

（1）启动 Photoshop 软件，打开一张汽车素材，在工具箱中选择 ▣（磁性套索工具），在属性栏中设置"羽化"为 1 像素，"宽度"为 10 像素，"对比度"为 10%，"频率"为 57，在汽车顶部单击创建选区点，如图 3-87 所示。

（2）沿汽车边缘拖动鼠标，此时会发现 ▣（磁性套索工具）在汽车边缘创建锚点，如图 3-88 所示。

图 3-87　打开素材设置属性　　　　图 3-88　创建过程

（3）当到汽车轮胎处时，图片变得像素之间对比不够强烈，此时按住 Alt 键，将 ▣ （磁性套索工具）变为 ▣ （多边形套索工具），在边缘处单击创建选区，如图 3-89 所示。

（4）移动鼠标到汽车的左上方，图片边缘像素变得反差较大后松开 Alt 键，将工具恢复成 ▣ （磁性套索工具），继续拖动鼠标创建选区，起点与终点相交时指针右下角会出现一个圆圈，如图 3-90 所示。

图 3-89　转为多边形套索工具　　　图 3-90　转为磁性套索工具

起点与终点相交时单击鼠标即可创建选区，如图 3-91 所示。

打开一张"汽车广告背景 2"素材，使用 ▣ （移动工具）将"汽车"素材中的图片拖动到"汽车广告背景 2"文档中，如图 3-92 所示。

图 3-91　创建选区　　　图 3-92　移动

使用 ▣ （多边形套索工具）在车轮底部创建一个封闭选区，新建一个图层将其填充为"黑色"，按 Ctrl+D 组合键去掉选区，再为其应用一次"高斯模糊"命令，使黑色看起来更自然，将其作为汽车的阴影，最终效果如图 3-93 所示。

图 3-93　最终效果

钢笔工具

使用 ✒（钢笔工具）可以精确地绘制出直线或光滑的曲线，还可以创建形状图层。

该工具的使用方法也非常简单。只要在页面中选择一个点单击，再移动到下一点单击，就会创建直线路径；在下一点按下鼠标并拖动会创建曲线路径，按回车键绘制的路径会形成不封闭的路径；在绘制路径的过程中，当起始点的锚点与终点的锚点相交时，鼠标指针会变成 ♦ 形状，此时单击鼠标，系统会将该路径创建成封闭路径。

1）创建路径

使用 ✒（钢笔工具）绘制直线路径、曲线路径和封闭路径的方法如下。

操作步骤

（1）启动 Photoshop，新建一个空白文档，选择 ✒（钢笔工具）后，在页面中选择起点单击❶再移动到另一点单击❷，得到如图 3-94 所示的直线路径。按回车键直线路径绘制完毕。

（2）新建一个空白文档，选择 ✒（钢笔工具）后，在页面中选择起点单击❶，移动到另一点❷后按下鼠标并拖动，得到如图 3-95 所示曲线路径。按回车键曲线路径绘制完毕。

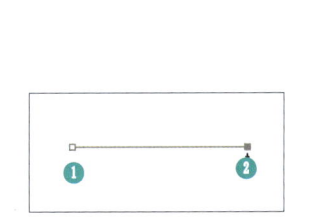

图 3-94　直线路径　　　　图 3-95　曲线路径

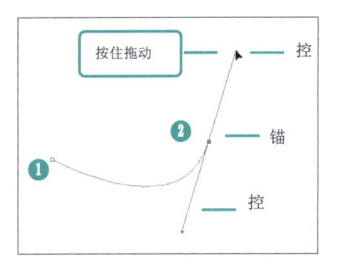

（3）新建一个空白文档，选择 ✒（钢笔工具）后，在页面中选择起点单击❶，移动到另一点❷后按下鼠标并拖动，松开鼠标后拖动到路径起始点❸单击，得到如图 3-96 所示封闭路径。按回车键曲线路径绘制完毕。

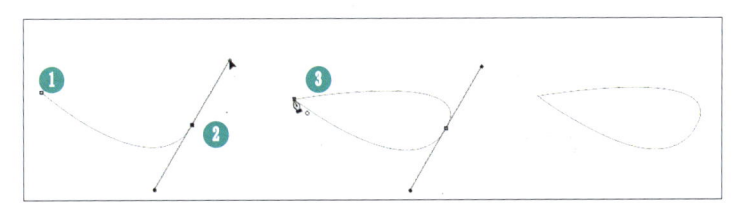

图 3-96　封闭路径

2）将路径转换为选区

通过 ⌀（钢笔工具）创建的路径是不能直接进行抠图的，此时只要将创建的路径转换为选区，就可以应用 ⌖（移动工具）将选区内的图片移动到新背景中完成抠图，在 Photoshop 中将路径转换为选区的方法很简单，可以直接按 Ctrl+Enter 组合键将路径转换为选区；可以通过"路径"面板中的"将路径作为选区载入" ⬚ 按钮将路径转换为选区；如果在 Photoshop CS6 中，可以直接在属性栏中单击"建立选区"按钮 [选区...] 将路径转换为选区；可以在"弹出"菜单中执行"建立选区"命令，将路径转换为选区，如图 3-97 所示。

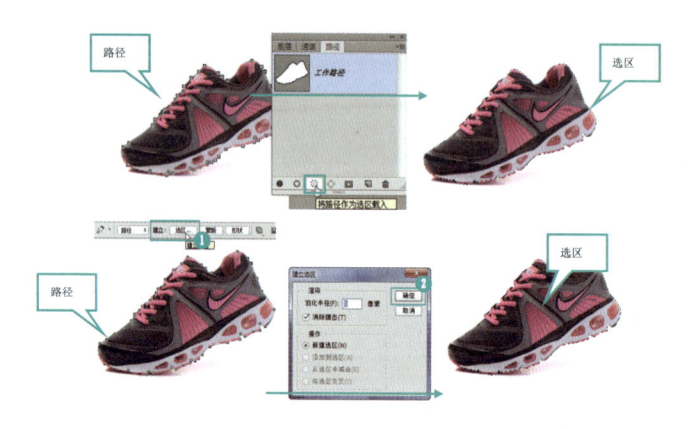

图 3-97　将路径转换为选区

本节为大家讲解使用 ⌀（钢笔工具）为复杂的女鞋进行抠图，在抠图的过程中主要了解 ⌀（钢笔工具）在实际操作中的使用技巧。具体的操作过程如下。

操作步骤

（1）启动 Photoshop，打开一张拍摄的图片，如图 3-98 所示。

（2）选择 ⌀（钢笔工具）后，在属性栏中选择"模式"为"路径"后，在鞋边缘单击创建起始点，沿边缘移动到另一点，按下鼠标创建路径连线后，拖动鼠标将连线调整为曲线，如图 3-99 所示。

图 3-98　素材　　图 3-99　创建并调整路径

（3）松开鼠标后，将指针拖动到锚点上并按住 Alt 键，此时指针右下角会出现一个符号 ↖，单击鼠标将后面的控制点和控制杆消除，如图 3-100 所示。

图 3-100　拖动控制杆

技巧：在 Photoshop 中使用 🖉（钢笔工具）沿图片边缘创建路径时，创建曲线后当前锚点会同时拥有曲线特性，创建下一点时如果不按照上一个锚点的曲线方向进行创建，将会出现路径不能按照自己的意愿进行调整的尴尬局面，此时我们只要先结合 Alt 键在曲线的锚点上单击取消锚点的曲线特性，再进行下一点曲线创建时就会非常容易，如图 3-101 所示。

图 3-101　编辑

（4）到下一点按住鼠标拖动，创建贴合图片的路径曲线，再按住 Alt 键在锚点上单击，如图 3-102 所示。

图 3-102　创建路径并编辑

（5）使用同样的方法在鞋子边缘创建路径，过程如图 3-103 所示。

图 3-103　创建路径

（6）当起点与终点相交时，指针右下角出现一个圆圈，单击鼠标完成路径创建，如图 3-104 所示。

图 3-104　创建路径

（7）路径创建完毕后，按 Ctrl+Enter 组合键将路径转换为选区，如图 3-105 所示。

图 3-105　将路径转换为选区

（8）打开一张背景图，将抠取的素材拖曳到新素材合适的位置，效果如图 3-106 所示。

图 3-106　抠图后

3.2.4 毛发抠图

拍摄有模特或动物参与的宝贝图片时,在人物的发丝区域,如果使用 ▱(多边形套索工具)或 ▱(钢笔工具)进行抠图,会发现头发区域出现背景抠不干净的效果,如图3-107所示。

图3-107 发丝边缘有背景颜色

选区创建完毕后,可以通过"调整边缘"命令,修整毛发或发丝处的背景,具体操作如下。

操作步骤

(1)启动Photoshop软件,打开一张狮子素材。使用 ▱(快速选择工具)在狮子上拖动创建一个选区,如图3-108所示。

(2)创建选区后,在菜单中执行"选择/调整边缘"命令,打开"调整边缘"对话框,选择 ▱(调整半径工具)❶,在狮子毛发边缘处向外按下鼠标并拖动❷,如图3-109所示。

图3-108 为素材创建选区   图3-109 编辑选区

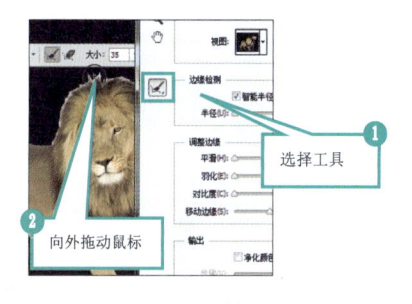

(3)在毛发处拖动鼠标细心涂抹,此时会发现毛发边缘已经出现在视图中,拖动过程如图3-110所示。

(4)涂抹后发现边缘处有多余的部分,此时只要按住Alt键并在多余处拖动鼠标,就会将其复原,如图3-111所示。

图 3-110　编辑毛发　　　　　图 3-111　编辑选区

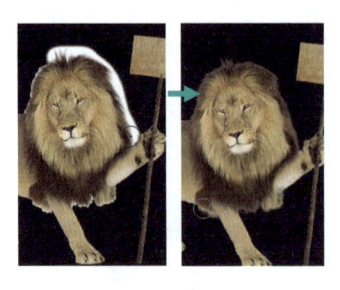

（5）设置完毕后单击"确定"按钮，调出编辑后的选区，打开城市素材，使用（移动工具）将狮子素材选区内的图片拖动到城市素材中，效果如图 3-112 所示。

图 3-112　移动

（6）按住 Ctrl 键并单击狮子所在图层，调出选区后，新建一个图层将选区填充为"黑色"，按 Ctrl+T 组合键调出变换框变换形状，按回车键完成变换，并调整"不透明度"，效果如图 3-113 所示。

图 3-113　变换

（7）新建图层，使用黑色画笔在狮子脚底处绘制黑色阴影，使两个图案看起来融合得更好，先在狮子拿的标牌上输入文字，再调出一个阴影，填充黑色后将其缩小，效果如图 3-114 所示。

图 3-114　抠图后

3.2.5　图层关系替换背景

在 Photoshop 中，通过图层蒙版可以更加直观地对图片进行抠图，抠图后不对原图进行破坏，如果需要原图，只要将蒙版隐藏即可恢复原图本来面貌，在图层中编辑蒙版可以通过 ✎（画笔工具）、✐（橡皮擦工具）和 ▭（渐变工具）进行操作。

渐变工具编辑蒙版替换背景

在 Photoshop 中，使用 ▭（渐变工具）可以将两张图片进行渐进式融合，方式包含线性渐变、径向渐变、角度渐变、对称渐变及菱形渐变，通过 ▭（渐变工具）为网拍商品抠图换背景时多数会使用"径向渐变和菱形渐变"，因为这两种渐变可以在保留商品的同时虚化背景，并将其与另一张图片进行融合，如图 3-115 所示。

图 3-115　渐变抠图替换背景

画笔工具编辑蒙版替换背景

在 Photoshop 中，使用 ✎（画笔工具）或 ✐（橡皮擦工具）编辑蒙版抠图，可以更充分地将两个图片进行融合，并不对图片产生破坏。相对于 ▭（渐变工具），它可以将边缘处理得更加细致，具体的抠图方法如下。

操作步骤

（1）启动 Photoshop，打开一张糖果图片和糖果背景图片，如图 3-116 所示。

图 3-116　素材

（2）使用 (移动工具)将糖果图片拖动到糖果背景文件中，单击"添加图层蒙版"按钮 ，为图层 1 添加一个空白蒙版，如图 3-117 所示。

图 3-117　添加图层蒙版

（3）将前景色设置为"黑色"，使用 (画笔工具)在糖果边缘进行涂抹，不要涂到糖果上面，如图 3-118 所示。

图 3-118　编辑

第 3 章　美工在网店中的作用

（4）在使用 编辑的过程中，尽量按照图片的需要随时调整画笔的直径大小，在糖果以外的区域进行涂抹，完成抠图，过程如图 3-119 所示。

图 3-119　编辑

（5）此时的图层如图 3-120 所示。

（6）为图层 1 添加一个"投影"样式，使糖果看起来与背景更加融合，如图 3-121 所示。

图 3-120　图层　　　　图 3-121　添加投影

（7）输入相应的文字，如图 3-122 所示。

（8）为了使文字更加突出，只要对其添加"描边和外发光"样式即可，至此本例制作完成，效果如图 3-123 所示。

图 3-122　输入文字　　　　图 3-123　最终效果

技巧：使用 ✎（画笔工具）与使用 ✐（橡皮擦工具）编辑图层蒙版的操作方法一样，只是在编辑时 ✎（画笔工具）要求设置前景色，✐（橡皮擦工具）要求设置背景色。

3.2.6 透明宝贝的抠图方法

在 Photoshop 中，对半透明对象进行抠图，可以在"通道"面板中完成。使用"通道"进行抠图时，通常需要应用一些工具结合"通道"面板进行操作。在操作完毕之后，必须要把编辑的通道转换为选区，再通过 ➤（移动工具）将选区内的图片拖动到新背景中完成抠图，对通道进行编辑时主要使用 ✎（画笔工具），通道中黑色部分为保护区域，白色区域为可编辑的位置，灰色区域将会创建半透明效果，如图 3-124 所示。

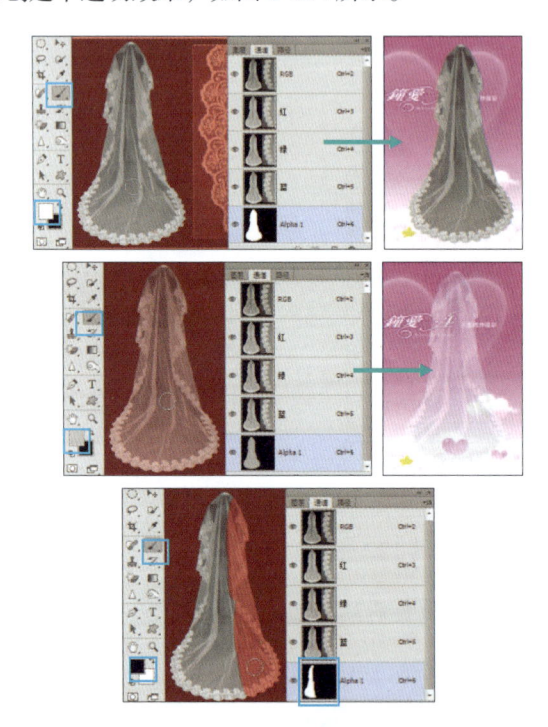

图 3-124　编辑 Alpha 通道

技巧：默认状态时，使用黑色、白色及灰色编辑通道可以参考下表进行操作。

涂抹颜色	彩色通道显示状态	载入选区
黑色	添加通道覆盖区域	添加到选区
白色	从通道中减去	从选区中减去
灰色	创建半透明效果	产生的选区为半透明

本节为大家讲解使用 🖊（钢笔工具）为酒瓶创建路径，并在"通道"中为酒瓶玻璃部分进行半透明抠图。具体的操作过程如下。

操作步骤

（1）启动 Photoshop，打开一张拍摄的白酒图片，如图 3-125 所示。

（2）选择 🖊（钢笔工具）后，在属性栏中选择"模式"为"路径"，并在瓶子边缘单击创建起始点，沿边缘移动到另一点，按下鼠标创建路径连线后，拖动鼠标将连线调整为曲线，如图 3-126 所示。

图 3-125　素材　　图 3-126　创建并调整路径

（3）松开鼠标后，将指针拖动到锚点上并按住 Alt 键，此时指针右下角出现一个符号 ↖，单击鼠标将后面的控制点和控制杆消除，到下一点处单击创建锚点，在曲线的区域拖动鼠标，将路径调整为曲线，如图 3-127 所示。

图 3-127　创建路径

（4）使用同样的方法在瓶子边缘创建路径，过程如图 3-128 所示。

图 3-128　创建路径

75

（5）当起点与终点相交时，指针右下角出现一个圆圈，单击鼠标完成路径的创建，如图3-129所示。

（6）路径创建完毕后，按 Ctrl+Enter 组合键将路径转换为选区，如图3-130所示。

图 3-129　创建路径　　　　图 3-130　将路径转换为选区

（7）在"通道"面板中单击"将选区存储为通道"按钮，如图3-131所示。

（8）选择 Alpha1 通道，将选区填充为灰色，此时灰色就是半透明，如图3-132所示。

图 3-131　将路径转换为选区　　　　图 3-132　填充通道选区

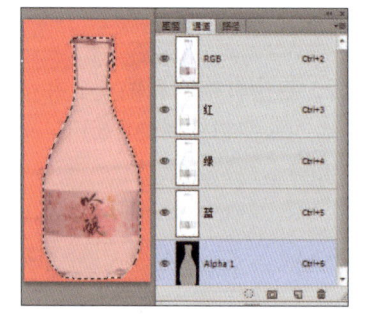

（9）将前景色设置为"白色"，使用（画笔工具）在酒瓶不应为透明的区域进行涂抹，如图3-133所示。

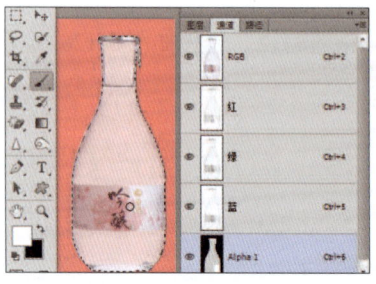

图 3-133　编辑通道

第 3 章　美工在网店中的作用

（10）编辑完毕后，单击"将通道作为选区载入"按钮，重新载入选区，如图 3-134 所示。

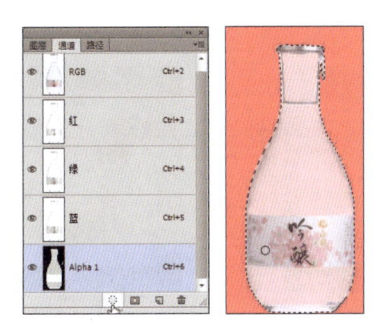

图 3-134　载入通道选区

（11）打开一张背景素材，使用 （移动工具）将透明酒瓶选区内的图片移动到新背景中，此时玻璃部分是半透明效果，如图 3-135 所示。

（12）抠图完毕后再进行一下调整，执行菜单命令"图像/调整/色阶"，打开"色阶"对话框，向右拖曳 "高光" 和 "中间调" 控制滑块，如图 3-136 所示。

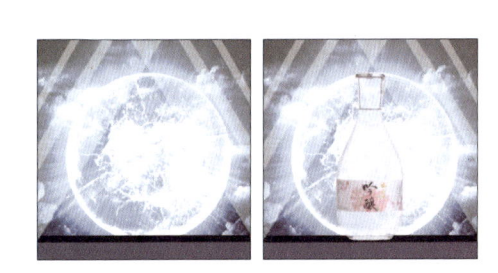

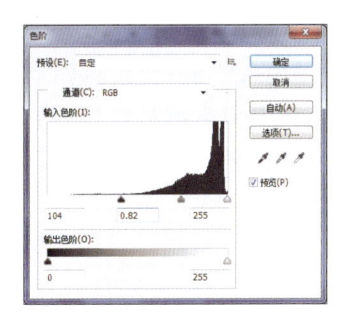

图 3-135　抠图后　　　　　　　　图 3-136　色阶调整

（13）设置完毕后单击"确定"按钮，此时酒瓶对比已经加强了，如图 3-137 所示。

（14）复制酒瓶并将其垂直翻转后，调整位置得到倒影效果，如图 3-138 所示。

图 3-137　色阶调整　　　　　　　　图 3-138　倒影

（15）输入商品宣传文字和促销文字，为文字添加外发光、光泽和描边样式，增加视觉冲击力，以吸引买家眼球，增加销量，最终效果如图3-139所示。

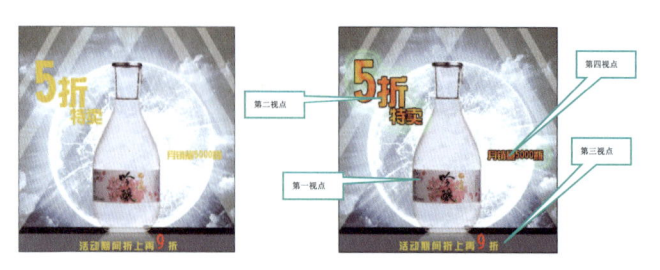

图3-139　最终效果

提示：在制作宝贝广告图片时一定要记住，不要让文字、辅助物品或背景抢了主图的风头。

3.2.7　综合抠图方法

对于网拍的商品进行背景替换时，并不是只使用一种抠图模式就能够得到较好的效果，通常情况下都会使用几种抠图模式相结合的方法进行操作，这样针对不同位置，可以将边缘处理得更加得体，比如对模特的头发就不能使用路径进行抠图，如果强行这样做会造成模特没有发丝的效果，如图3-140所示。

图3-140　综合抠图

3.3 图片在网店设计中的作用

在对电商广告进行设计时,图片通常会起到在视觉中传达第一视点的作用,从传统的整体图片参与设计到局部参与设计,再到多视角参与,以及超出范围进行设计制作,最终目的都是吸引买家注意,从而增加店铺流量。

3.3.1 商品整体参与设计

整体参与设计的图片,可以让浏览者看到商品的整体,在视觉中不会出现丢失部分。这种设计方法常被用到传统的设计中,优点是可以看到商品本身的样貌,缺点是缺少买家对商品本身的一些遐想,如图3-141所示。

图 3-141 商品整体参与的设计

3.3.2 商品切断式参与整体设计

被切断的商品在整体作品中是完整图片的对立面,视觉上的不完整性,会使买家在大脑中自动填补其完整形态,浏览者为了联想商品完整性会停留更长的时间,这种设计不但为店铺带来新的视觉感受,还为买家预留了想象空间,如图3-142所示。

图 3-142 被切断商品参与的设计

图 3-142　被切断商品参与的设计（续）

技巧：切断图片时，切记不要把图片中的代表区域切掉。保留局部的图片在固定图片中可以更好地显示商品的重要部分，这样可以更好地吸引买家目光。

3.3.3　不同视角参与整体设计

常规视角的图片在设计中已经司空见惯了，并且大多数网店都是以传统视角作为主图设计的，这样的图片看多了就会产生审美疲劳，就会使对买家的吸引力逐渐降低，因此我们正好可以在商品视角的运用上进行一下大胆的尝试，使买家产生新鲜感，感觉眼前一亮，无形中就会对店铺的流量产生推动力，如图 3-143 所示。

图 3-143　不同视角参与的设计

3.3.4　超出范围参与整体设计

超出范围指的就是冲出束缚的版面，从而吸引眼球，也就是素材本身的某个部分在规划设计区以外，如图 3-144 所示，模特的头部探出了设计区的框架。此种设计方式打破了原有的物体封闭性，给买家一个新的视觉冲击。

图 3-144　超出范围参与整体设计

3.4　文案在网店美工中的作用

对于网店美工来说，不是只会图片美工处理就一切工作都做好了，一个好的美工作品，文案起到的作用是至关重要的，在整体作品中文案就是起画龙点睛作用的。

好的文案不但能详细介绍商品，还能兼顾整体广告创意。从广告上来说，就是将商品卖点通过文字渗透到买家的思维中，让他接受你、认同你，从而购买你的产品。

而要做好一个网店美工的文案，你可能不仅要懂得文字上的知识或技巧，还要了解一些店铺装修上的知识。要能和美工很好地沟通，让美工将你的文案想法变成图片展示出来才是成功的关键。

3.4.1　为什么要做文案

网店中涉及的文案通常都与商品图片相辅相成。店铺推广不仅在于一些网店推广方法的运用，文案也是其中一个重要的影响因素。华丽而不失优雅、自然而不失人气的店铺文字，和主体的风格相映生辉，可以大大提高宝贝的转化率。对于店铺来说，优秀的文案策划，不仅要做文字功，还要用文字引导销售，与主体图片相呼应，完全融入到整张图片当中，作为整体创意的一部分，同时起到吸引眼球的作用，如图 3-145 所示。

图 3-145 文案

3.4.2 文案怎样写

首先就是要清楚为什么要写与图相对应的文案，必须符合商品的整体营销战略。是单独使用还是和其他文案组成一个系列？在整个广告活动中这篇文案担负着什么样的任务？是前期概念宣传，还是直接推动卖货，或是传达促销信息提高销量？

提出以上的疑问后，你就明白了写文案的目的就是卖货，文案的作用就是与消费者进行"深度沟通"，使每一句话说到消费者心坎里。文案的主题就是市场营销策略围绕消费者展开，软文要配合营销战略，针对消费者猎奇、治疗、健康、美容等心理展开。每篇软文只能有一个主题，我们常常用一个系列、一个阶段的软文围绕一个主题进行话题炒作，如图 3-146 所示。

根据商品本身特点写出与之相对应的主题文案

图 3-146 文案

3.4.3 文案的布局

网店美工的文案布局大体可以分为对齐布局、参照布局、对比布局及分组布局四种，每种布局都有自己的特点，下面就看看这四种布局的具体使用方法。

对齐布局

文案对齐布局通常会以边对齐和居中对齐两种形态存在,每种对齐方式都是以商品图片本身作为依据的。

边对齐在淘宝美工中通常会以文本的一端作为对齐线,给人以稳重、力量、统一、工整的感觉,是淘宝中最常见的一种文案布局方式,如图 3-147 所示。边对齐比较适合新手操作,只要掌控画面整体,文本部分在主体边上对齐即可。

图 3-147　边对齐

居中对齐在淘宝美工中通常会以文本的水平居中位置作为对齐线,或者文本与整个画面进行居中对齐,给人以正直、大气、高端、有品质的感觉。在淘宝海报中,居中对齐通常要把文字直接打在商品上面,文案部分的遮挡会与主体部分形成前后的感觉,看起来更具有层次感;在不遮挡主体时,单纯的文字居中对齐,同样会使整张海报具有大气、上档次的感觉,如图 3-148 所示。

图 3-148　居中对齐

图 3-148　居中对齐（续）

参照布局

参照布局通常是指根据美工得到图片的类型，将文本部分根据图片特点进行合理位置布局的方法，文本在图片中主要起到平衡整体的作用，如图 3-149 所示。此布局方法不适合初学者。

图 3-149　参照布局

对比布局

在一个作品中，如果不体现对比，那么就不能说此作品中存在设计，相对于平淡无奇的东西，人们更喜欢存在对比效果的画面。

使用有对比效果的排版技巧，可以增加画面的视觉效果，对比的方式有很多，比如虚实对比、冷暖对比、字体粗细对比等，如图 3-150 所示。不同类型的对比局部，视觉效果也会不同，如图 3-151 所示。

图 3-150　对比布局（1）

注意：通过两张图片的对比，我们不难看出在排版时单单使用对齐是远远不够的。在对齐的基础之上再对比布局，可以使图片的视觉感增加一个层次。在两张海报的对比中，我们可以发现，图 3-151 运用了对比原则，使画面更加吸引人，文案的组织结构也一目了然，更便于浏览者阅读。

图 3-151　对比布局（2）

注意：
- 找出文案中重点的语句，运用大小对比和粗细对比，加强对文字的强调和区分。
- 字体部分如果要对比，就要选择对比较分明的字体，就要显示出大的够大、小的够小、粗的够粗、细的够细，让浏览者更加容易记住。
- 对比不仅增加视觉效果，而且加强了文案的可读性，不要担心字小而错过阅读，只要强调的部分吸引人，小字部分会下意识地进行阅读。
- 对比还可以通过文本，以背景的高反差效果进行显示，背景如果按不同的颜色或形状进行绘制，文字应与背景色作为对比参照物，这样更能吸引浏览者，加强整体视觉效果。

分组布局

在图片中如果存在的文本过多，就不能单纯地使用对齐或对比等布局效果。此时将文本进行一下分类，将相同的文本信息文案摆放在一起，不仅使整个画面看起来有条理，而且也非常美观，更加有利于浏览者进行阅读。每个分类可以作为一个元素进行重新布局，如图 3-152 所示。

图 3-152　分组布局

3.4.4　活动文案

网店美工的活动文案与纯文本的软文文案不同，需要与素材图片相结合并配合当前活动的要求。设计上还要与整体相呼应，不能有违和感，例如店庆活动、节日活动等，既要简练又要突出主题。对于网店美工来说这是比较考验设计能力的，图 3-153 所示的效果即融入整体的活动文案。

图 3-153　活动文案

图 3-153　活动文案（续）

做活动文案的目标就是带动流量、提升销量、增强知名度等。在撰写活动文案时要体现以下几个要点。

活动介绍

活动介绍包括活动主题、活动时间、活动地点、目标人群、活动目标、活动背景介绍（如主办方、协办方）等。

活动规则

活动规则包括活动具体的参与办法、面向人群、具体的奖项设置、评选规则和办法等。

活动实施

活动实施要说明活动的具体实施步骤、具体时间及大概折扣或奖项等。

趣味性

活动的趣味性越强越好，只有活动好玩有趣，参与的人才会多。活动的氛围烘托起来之后，自然就达到了做活动文案的目的。

得到实惠

只有在文案中让买家看到本次活动的让利力度，才能真正调动买家的积极性。销量增加了，卖家就会得到属于自己的那部分利益，互利互惠才能更好地使店铺持续经营下去。

第 4 章

定位网店的配色与细节

本章重点：

- 网店中图片的配色
- 网店配色
- 网店页面色彩分类
- 统一间距与对齐
- 为网拍商品制作统一边框
- 增加图片的细节

第 4 章　定位网店的配色与细节

对于网店来说，能够左右一个店铺风格的重要特色就是配色格调，买家进入店铺后，能够影响其第一印象的要素就是网店的页面色彩。一个网店拥有漂亮的颜色配比，比其他任何设计要素都重要。因为色彩是主导买家视觉的第一因素，它不但可以给买家留下深刻印象，而且可以产生很强烈的视觉效果。所以装修店铺时在色彩格调的使用上需要深思熟虑。但是，并不是每个人都能够通过天生的色彩感在脑海中勾勒出比较好的色彩匹配，所以需要通过孜孜不倦的学习和脚踏实地的训练，提高后天的色彩感。

本章就为大家介绍网店配色和细节方面的基本知识，使店铺整体更加吸引人，从而为促成最终的交易起到至关重要的作用，图 4-1 所示为统一色调和调整细节的休闲女装店铺。

图 4-1　统一色调及调整细节

4.1　网店中图片的配色

在网店页面中，能够吸引买家注意的广告图片，通常出现在页面的第一屏与第二屏中，目的就是引起买家的购买欲望。排除图片设计的构图版式不说，配色应该是最能刺激人们视觉的元素了。好的图片配色给人的感觉是舒服，在设计配色时最好不要超过三种色彩，色彩太多会产生乱的效果。在为图片配色时，最好能够在色相、饱和度或明度中选择一种保持相近，这样的配色不会让人在视觉上产生厌烦，图 4-2 所示的图片配色就会给人一种非常土气的感觉。

图 4-2　色彩繁杂的配色

　　从图中我们不难看出，其色相、饱和度和明度，没有一种是相近的，所以会产生较为混乱的感觉。这里我们将配色按照饱和度相近的方法调整一下，调整之后整个图片马上出现了一个质的飞跃，如图 4-3 所示。

图 4-3　饱和度一致的色调

> **提示**　在设计时应该按场景设定颜色，不要只是按照单一的数值来决定具体的配色。

如果将色调定为永不过时的黑白色，更能凸显模特的本质，使大家将视觉快速转移到模特身上，如果再点缀上品红色，那么整体图片就会显得更有女人味，更加高端大气，如图4-4所示。

图 4-4　黑白配色

选择一种大面积的高纯度颜色与浅色作为图片的背景，更能提升整体图片的视觉吸引度，如图4-5所示。

图 4-5　大面积背景配色

4.2　网店配色

在网店页面设计中，色彩搭配是树立网店形象的关键，店面色彩处理得好可以为页面锦上添花，同时达到事半功倍的效果。色彩搭配一定要合理，要与商品相符，这样会给人一种和谐、愉快的感觉，一定要避免使用容易使人产生视觉疲劳的纯度过高的单一色彩。

4.2.1 自定义页面的主色与辅助色

店面的主色与辅助色是一个页面传达给购买者的第一视觉，所以一定要使颜色与商品相呼应，在店面中能够定义为主色的是店铺整体的色调，也就是所占面积最大的色系，辅助色和点缀色在页面中起到陪衬、点缀的作用，如图4-6所示。

主色	辅助色	文字颜色
粉色	黑色	白色

图 4-6 自定义颜色

在网店中，如果文字与网页主色调搭配合理，会直接提升整体页面的视觉效果，下面介绍网店主色与文字色彩的搭配，具体可以参考表4-1。

表 4-1

颜色图标	颜色十六进制值	文字颜色搭配
	# F1FAFA	适合做正文的背景色，比较淡雅。配以同色系的蓝色、深灰色或黑色文字都很好
	# E8FFE8	适合做标题的背景色，搭配同色系的深绿色标题或黑色文字
	# E8E8FF	适合做正文的背景色，文字颜色配黑色比较和谐、醒目
	# 8080C0	配黄色或白色文字较好

续表

颜色图标	颜色十六进制值	文字颜色搭配
	# E8D098	配浅蓝色或蓝色文字较好
	# EFEFDA	配浅蓝色或红色文字较好
	# F2F1D7	配黑色文字素雅，如果是红色则显得醒目
	# 336699	配白色文字好看些
	# 6699CC	配白色文字好看些，可以做标题
	# 66CCCC	配白色文字好看些，可以做标题
	# B45B3E	配白色文字好看些，可以做标题
	# 479AC7	配白色文字好看些，可以做标题
	# 00B271	配白色文字好看些，可以做标题
	# FBFBEA	配黑色文字比较好看，一般作为正文
	# D5F3F4	配黑色文字比较好看，一般作为正文
	# D7FFF0	配黑色文字比较好看，一般作为正文
	# F0DAD2	配黑色文字比较好看，一般作为正文
	# DDF3FF	配黑色文字比较好看，一般作为正文

提示　利用上面的颜色配比表，可以大大减少制作网页配色的时间，在当前的基础上，读者还可以发挥想象力，搭配出更有新意、更醒目的颜色，使自己的店面更具竞争力。

4.2.2　网店色调与配色

色彩与人的感觉和情绪有一定的关系，利用这一点可以在设计时形成自己独特的色彩效果，从而给买家留下深刻印象，加大商品售出概率。不同的色系在网店中也拥有自己的独特之处，在网店色调分类方面，主要按照色相、印象和色系分类。

按照色相分类配色

常见的色彩搭配按照色相的顺序归类，每类都以一种色相为主，配以其他色相或同色相的色彩，应用对比和调和的方法，按照从轻快到浓烈的顺序排序。

1）红色

红色的色感温暖，刚烈而外向，是一种对人的刺激性很强的颜色。红色容易引起人的注意，也容易使人兴奋、激动、紧张、冲动，还是一种容易让人造成视觉疲劳的颜色。

在网页颜色的应用中，根据网页主题内容的需求，纯粹使用红色为主色调的网站相对较少，其多用于辅助色、点睛色，达到陪衬、醒目的效果，通常都配以其他颜色调和。

在众多颜色里，红色是最鲜明生动、最热烈的颜色。因此红色也是代表热情的情感之色。鲜明的红色极容易吸引人们的目光。常见的红色配色方案如图4-7所示。

图4-7 红色搭配

提示：红色可以和蓝色混合成紫色，可以和黄色混合成橙色。红色和绿色是对比色。红色的补色是青色。红色是三原色之一，能和绿色、蓝色调出任意色彩。

大多红色系的网店以经营婚庆商品为主,在女装、美容化妆品或店庆页面中也会使用红色,其主要目的是醒目,提醒买家注意,吸引买家目光。通过配色产生的粉色页面会给人一种温馨的感觉,如图 4-8 所示的店面为红色的婚庆网店。

图 4-8　红色婚庆店铺

2) 橙色

橙色会产生轻快、欢愉、收获、温馨、时尚的效果,是一种表达快乐、喜悦、能量的色彩。橙色,又称橘色,为二次颜料色,是红色与黄色的混合。在光谱上,橙色介于红色和黄色之间。

橙色在空气中的穿透力仅次于红色,而色感比红色更暖,最鲜明的橙色应该是色彩中让人感受最温暖的色相,能给人以庄严、尊贵、神秘等感觉,所以基本上属于心理色彩。历史上许多权贵和宗教都用橙色装点自己,现代社会往往将其作为标志色和宣传色。不过橙色也容易造成视觉疲劳。橙色明视度高,在工业安全用色中,橙色即警戒色,例如火车头、登山服、背包、救生衣等都使用到了橙色。橙色一般可作为喜庆的颜色,同时也可作富贵色,例如皇宫里的许多装饰都是橙色的。红、橙、黄三色被称为暖色,属于引人注目、给人芳香感和引起食欲的颜色。橙色可作餐厅的布置色,据说在餐厅里多用橙色可以增加客人的食欲。常见的橙色配色方案如图 4-9 所示。

橙色主要应用于与食物有关的店面中,由于橙色也是积极活跃的色彩,除了用于经营食品的网店中,还经常用在经营家具用品、时尚品牌、运动及儿童玩具的网店中,如图 4-10 所示是橙色与黄色等邻近色搭配的食品网店,其视觉上处理得井然有序,整个网页看起来非常诱人,使人胃口大开。

图 4-9 橙色搭配

> **提示**
>
> 橙色在 HSB 数值中的 H 为 30 度，是正橙色。橙色是一个非常明亮、引人注目的颜色。橙色的对比色是蓝色，这两种颜色彩度倾向越明确，对比强度就越大。但我们也看到，除了橙色和蓝色，橙色和绿色随着纯度的升高，达到的对比效果也越来越强烈。

图 4-10 橙色系店铺

3）黄色

黄色具有活泼与轻快的特点，给人十分年轻的感觉，象征光明、希望、高贵、愉快。浅黄色表示柔弱，灰黄色表示病态。黄色的亮度最高，和其他颜色配合让人感到很活泼，有温暖感，具有快乐、希望、智慧和轻快的个性，有希望与功名等象征意义。黄色也代表着土地，象征着权力，还具有神秘的宗教色彩。常见的黄色配色方案如图4-11所示。

图4-11　黄色搭配

提示

黄色能和众多颜色相配，但是要注意和白色的搭配，因为白色可以吞没黄色的色彩，使人看不清楚。另外，深黄色最好不要与深紫色、深蓝色、深红色相配，这样会使人感觉晦涩与失望；淡黄色也不要与明度相当的色彩搭配，要拉开明度上的层次关系。黄色与红色搭配可以营造一种吉祥喜悦的气氛；黄色与绿色搭配，会显得有朝气、活力；黄色与蓝色相配，可以显得美丽清新；淡黄色与深黄色相配，可以衬托出高雅。

黄色与某些食品色彩相似，可以应用于食品类的店铺中。另外，黄色的明度比较高，是活泼、欢快的色彩，代表智慧、欢乐的个性。黄色是前进色，有扩张的感觉，具有金色的光芒，代表权力和财富，是一种骄傲的色彩，因此很多店铺都会使用黄色来体现商品的高档与华贵，图4-12所示是使用黄色配色的网店。

图 4-12　黄色系店铺

4）绿色

绿色在黄色和蓝色（冷暖）之间，属于比较中庸的颜色，这样使得绿色最为平和、安稳、大度、宽容。绿色是一种柔顺、恬静、满足、优美、受欢迎之色，也是网店页面中使用最广泛的颜色之一。

绿色与人类息息相关，是永恒的欣欣向荣的自然之色，代表了生命与希望，也充满了青春活力。绿色象征着和平与安全、发展与生机、舒适与安宁、松弛与休息，有缓解眼部疲劳的作用。

绿色能使我们的心情变得格外明朗。黄绿色代表清新、平静、安逸、和平、柔和、春天、青春、生机。常见的绿色配色方案如图 4-13 所示。

图 4-13　绿色搭配

> **提示**：当绿色中黄色的成分较多时，其就趋于活泼、友善的特性，具有幼稚性；在绿色中加入少量的黑色，其就趋于庄重、老练、成熟的特性；在绿色中加入少量的白色，其就趋于洁净、清爽、鲜嫩的特性。

绿色通常与环境意识有关，也经常被联想到与健康有关的事物，所以绿色经常会用在与自然、健康有关的网店中，还经常用于生态特产、护肤品、儿童商品或保健食品的网店中，图4-14所示的就是绿色系的网店。

图4-14　绿色系网店

5）**蓝色**

蓝色是色彩中比较沉静的颜色，其象征着永恒与深邃、高远与博大、壮阔与浩渺，是令人心情畅快的颜色。

蓝色的朴实、稳重、内向的特点，可以衬托活跃且具有比较强扩张力的色彩，同时也活跃页面。而且，蓝色又有消极、冷淡、保守等含义。蓝色与红、黄等色运用得当，能构成和谐的对比调和关系。

蓝色是冷色调最典型的代表色，是网店页面中运用得最多的颜色，也是许多人钟爱的颜色。常见的蓝色配色方案如图4-15所示。

图 4-15 蓝色搭配

> **提示**：在蓝色中添加少量的红、黄、橙、白等颜色，均不会对蓝色构成比较明显的影响；如果蓝色中黄色的成分比较多，其就会趋于甜美、亮丽、芳香的特点；在蓝色中混入少量的白色，可使蓝色更趋于焦躁、无力。

蓝色表达着深远、永恒、沉静、无限、理智、诚实、寒冷等多种感觉。蓝色会给人很强烈的安稳感，同时还能够表现出和平、淡雅、洁净、可靠等特性。其多用于科技商品、家电商品、化妆品或旅游类型的网店中，图 4-16 所示的图片就是蓝色系网店。

图 4-16 蓝色系网店

6）紫色

紫色可以说是最具优雅气质的颜色，其给人成熟与神秘感，是女性的专属色之一。从T台秀场到大街上，紫色总会出现在人们的视线中，这些紫色有的优雅、高贵，有的极具"街头范儿"，各种精彩搭配，显示出紫色的百变魔力。然而紫色并不好驾驭，如果搭配不当则会显得过于老气。紫色的明度在彩色中是最低的。紫色的低明度给人一种沉闷、神秘的感觉。常见的紫色配色方案如图4-17所示。

图 4-17　紫色搭配

> **提示**：当紫色中红色的成分较多时，其具有压抑感、威胁感；在紫色中加入少量的黑色，其就趋于神秘、难以捉摸、高贵；在紫色中加入白色，可使紫色沉闷的特点消失，变得优雅、娇气，并充满女性的魅力。

紫色通常用于以女性为对象或以艺术品为主的网店。另外，紫色是高贵华丽的色彩，很适合表现珍贵、奢华的商品。图4-18所示的图片就是紫色系网店。

图 4-18　紫色系网店

按印象的搭配分类配色

色彩搭配看似复杂，但并不神秘。既然每种色彩在印象空间中都有自己的位置，那么色彩搭配得到的印象可以用加减法来近似估算。如果每种色彩都是高亮度的，那么它们的叠加产生的颜色自然会是明亮的；如果每种色彩都是浓烈的，那么它们的叠加产生的颜色就会是浓烈的。当然，在实际设计过程中，设计师还要考虑使用乘法和除法，比如同样亮度和对比度的色彩，在色环上的角度不同，搭配起来就会得到千变万化的效果。因此色彩除了可以按色相搭配，还可以将印象作为搭配分类的方法。

1）柔和、明亮、温柔

亮度高的色彩搭配在一起就会有柔和、明亮、温和的感觉。为了避免刺眼，设计师一般会用低亮度的前景色来调和，这样也有助于避免产生沉闷的感觉，如图 4-19 所示，此色彩搭配常用于与女性有关的网店中。

图 4-19　柔和、明亮、温柔

2）柔和、清洁、爽朗

若想得到柔和、清洁、爽朗的印象，色环中蓝到绿相邻的颜色应该是最适合的，并且亮度偏高。可以看到，几乎每个组合都有白色参与。当然在实际设计时，可以用蓝绿相反色相的高亮度有彩色代替白色，如图 4-20 所示。此色彩常用于与厨卫有关的网店。

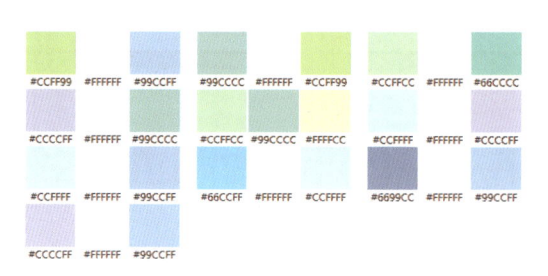

图 4-20　柔和、清洁、爽朗

3）可爱、快乐、有趣

要想给人以可爱、快乐、有趣的印象，使用的色彩搭配的方法是，色相分布均匀，冷暖搭配，饱和度高，色彩分辨度高，如图 4-21 所示。此色彩常用于与儿童有关的网店中。

图 4-21　可爱、快乐、有趣

4）活泼、快乐、有趣

要想给人以活泼、快乐、有趣的印象，可选择的色彩非常广泛。最重要的变化是将纯白色用低饱和的有彩色或灰色取代，如图 4-22 所示。此色彩搭配常用于经营儿童用品的网店中。

图 4-22　活泼、快乐、有趣

5）运动型、轻快

表现运动的色彩要强化激烈、刺激的感觉，同时还要体现健康、快乐、阳光的感觉。因此饱和度比较高、亮度偏低的色彩经常用于这类场合中，如图4-23所示。此色彩搭配常用于经营运动用品的网店中。

图4-23 运动型、轻快

6）轻快、华丽、动感

要想给人以华丽的印象，页面要充满色彩，并且饱和度偏高，而亮度适当减弱则能强化这种印象，如图4-24所示。此色彩搭配常用于经营户外运动用品的网店中。

图4-24 轻快、华丽、动感

7）狂野、充沛、动感

要给人以狂野的印象，少不了低亮度的色彩，甚至可以用适当的黑色搭配，而其他有彩色的饱和度要高，对比要强烈，如图4-25所示。此配色常用于经营户外运动用品的网店中。

图4-25 狂野、充沛、动感

8）华丽、花哨、女性化

在经营女性用品的店铺中，紫色和红色是主角，粉红色和绿色也是常用色相。一般它们之间要进行高饱和的搭配，如图 4-26 所示。此配色常用于经营女性用品的网店中。

图 4-26　华丽、花哨、女性化

9）回味、女性化、优雅

要给人以优雅的感觉，色彩的饱和度一般要降下来。一般以蓝色和红色之间的相邻色来搭配，要调节亮度和饱和度，如图 4-27 所示。此配色常用于经营女性用品的网店中。

图 4-27　回味、女性化、优雅

10）高尚、自然、安稳

要给人以高尚的印象，一般要用低亮度的黄绿色，色彩亮度要降低，注意色彩的平衡，页面就会显得安稳，如图 4-28 所示。此色彩常用于经营老人用品的网店中。

图 4-28　高尚、自然、安稳

11）冷静、自然

绿色给人以冷静、自然的印象，但是绿色作为页面的主要色彩，容易给人过于消极的感觉，因此应该特别重视图案的设计，如图 4-29 所示。此配色搭配常用于经营茶叶及相关商品的网店中。

图 4-29　冷静、自然

12）传统、高雅、优雅

要给人以传统的印象，一般要降低色彩的饱和度，棕色特别适合表达高雅和优雅的印象，如图 4-30 所示。此配色常用于经营家纺等居家用品的网店中。

图 4-30　传统、高雅、优雅

13）传统、稳重、古典

传统、稳重、古典都给人以保守的印象，在色彩的选择上应该尽量用低亮度的暖色，这种搭配符合成熟的审美，如图 4-31 所示。此配色常用于经营家具建材商品的网店中。

图 4-31　传统、稳重、古典

14）忠厚、稳重、有品位

亮度、饱和度偏低的色彩会给人忠厚、稳重的感觉。为了避免色彩过于保守，使页面僵化、消极，这样的搭配应当注重冷暖结合和明暗对比，如图 4-32 所示。此配色常用于经营珠宝或仿古商品的网店中。

图 4-32　忠厚、稳重、有品位

15）简单、洁净、进步

要表现简单、洁净，可以使用蓝色和绿色，并大面积留白。而要给人以进步的印象，可以多用蓝色搭配低饱和的颜色甚至灰色，如图 4-33 所示。此配色常用于经营男性用品的网店中。

图 4-33　简单、洁净、进步

16）简单、时尚、高雅

灰色是最平衡的色彩，并且是表现塑料金属质感的主要色彩之一。要表达高雅、时尚的感觉，可以适当使用灰色，甚至大面积使用。但是要注重图案和质感的构造，如图 4-34 所示。此配色常用于经营男性用品的网店中。

图 4-34　简单、时尚、高雅

17）简单、进步、时尚

简单、进步、时尚的色彩多数以灰色、蓝色和绿色作为主导色，在网页中多显示时尚、大方的个性，如图4-35所示。此色彩常用于与男性有关的网店中。

图 4-35　简单、进步、时尚

按色系分类配色

色系即色彩的冷暖。色彩学上根据心理感受，把颜色分为暖色调（红、橙、黄）、冷色调（青、蓝、紫、绿）和中性色调（黑、灰、白）。图4-36所示的图片为冷暖色调分布色相。

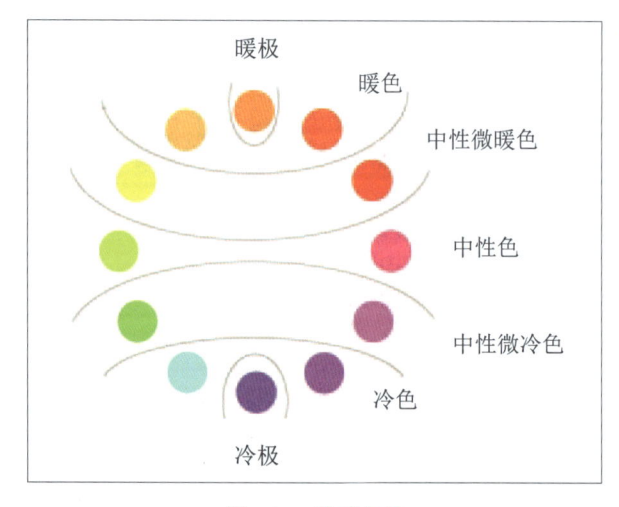

图 4-36　冷暖色系

1）冷色系

蓝色、绿色、紫色都属于冷色系，给人专业、稳重、清凉的感觉。图4-37所示的图片为冷色系的淘宝网上店铺。

图 4-37　冷色系的淘宝网上店铺

2）暖色系

由太阳的颜色衍生出来的颜色，红色和黄色，给人以温暖柔和的感觉。图 4-38 所示的图片为暖色系的淘宝网上店铺。

图 4-38　暖色系的淘宝网上店铺

3）中性色系

就是黑、白、灰三种颜色，能与任何色系搭配。图 4-39 所示的图片为中性色系的淘宝网上店铺。

图 4-39　中性色系的淘宝网上店铺

4.2.3　色彩采集

在为网店搭配颜色时，有些制作人员没有色彩知识，在不懂得色彩组合原理的情况下，如何为网店搭配与商品相呼应的页面色彩呢？在 Photoshop 中，采集色彩的时候通常利用 （吸管工具），在商品上的某个颜色上单击，此时就会将当前选取的颜色作为工具箱中的前景色，如图 4-40 所示。

图 4-40　吸取颜色

此时在"拾色器"对话框中可以看到当前采集的颜色信息，如图 4-41 所示。

第 4 章　定位网店的配色与细节

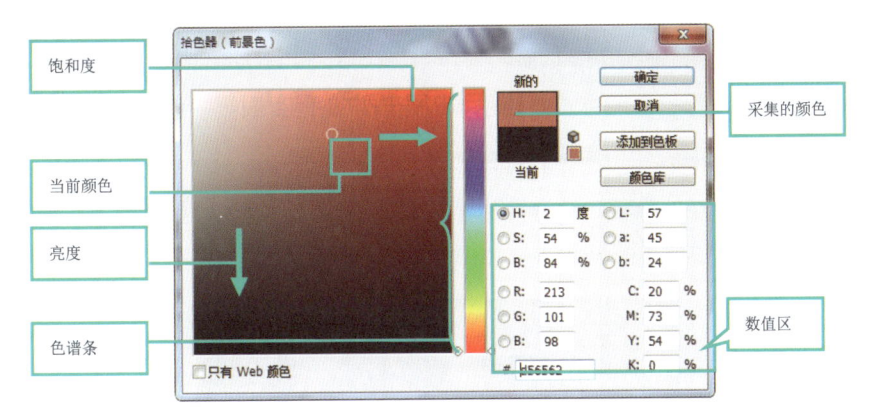

图 4-41　"拾色器"对话框

如果在数值区更改数字，此时会清楚地看到之前的颜色与更改后的颜色，如图 4-42 所示。

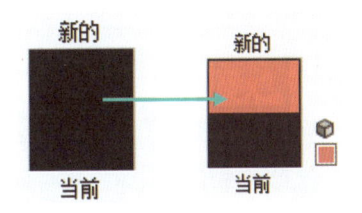

图 4-42　改变数值时的颜色对比

勾选"只有 Web 颜色"复选框后，在"拾色器"对话框中只显示应用于网页的颜色，如图 4-43 所示。采集完毕的颜色就可以将其作为与商品相对应的主色、辅助色或点缀色。

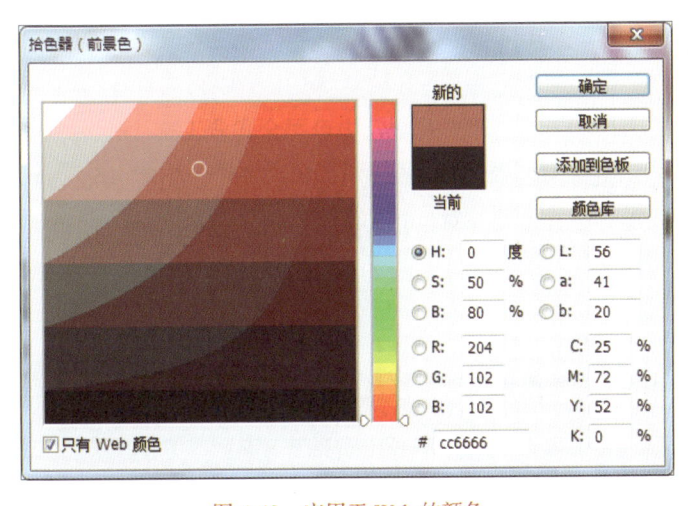

图 4-43　应用于 Web 的颜色

111

4.2.4 色彩推移

网店页面中采用色彩推移的方式组合色彩，这通常是使页面统一色调的最好方法之一。

色彩推移是将色彩按照一定规律有秩序地排列、组合的一种作品形式。种类有色相推移、明度推移、纯度推移、互补推移、综合推移等。设计师可以通过色彩推移的方法使页面色彩看起来更加统一、和谐，色彩推移同样可以运用到局部图片上，如图4-44所示。

图 4-44　色彩推移的局部页面

色相推移

色相推移是将色彩按色相环的顺序，由冷到暖或由暖到冷进行排列、组合的一种渐变形式。为了使画面丰富多彩、变化有序，色彩可选用色相环，从一种颜色推移到另一种颜色，也可以选择灰度色相环，从白色到黑色或从黑色到白色。

明度推移

明度推移是将色彩按明度等级的顺序，由浅到深或由深到浅进行排列、组合的一种渐变形式。一般都选用单色系列组合，也可选用两个色彩的明度系列，但也不宜选择太多，否则易乱易花，适得其反。

纯度推移

纯度推移是将色彩按等级的顺序，由鲜到灰或由灰到鲜进行排列组合的一种渐变形式。互补推移是处于色相环正对位置上的一对色相的纯度组合推移形式。

综合推移

综合推移是将色彩按色相、明度、纯度推移进行综合排列、组合的渐变形式。由于色彩三要素的同时加入，其效果当然要比单项推移复杂、丰富。

> **提示**　在使用综合推移为网页搭配色彩时，要注意色调之间的和谐。

4.3 网店页面色彩分类

在为网店装修时，页面的色彩根据作用的不同可以分为三类：静态色彩、动态色彩和强调色彩。静态色彩和动态色彩各有用途，相互影响、相互协作，处理好这两种色彩之间的关系，才能使页面色彩达到统一和谐的视觉效果，从而使买家对网店多一些眷恋。

4.3.1 静态色彩与动态色彩

在网店中的静态色彩并不是指静止不动的色彩，而是指结构色彩、背景色彩和边框色彩等带有特殊识别意义，决定店面色彩风格的色彩。动态色彩也不是指动画中运动物体携带的色彩，而是指插图、图片和广告等复杂图片中带有的色彩，这些色彩通常无法用单一色相去描绘，并且带有多种色调，随着图片在不同页面位置使用，动态颜色也跟随变化，如图4-45所示。

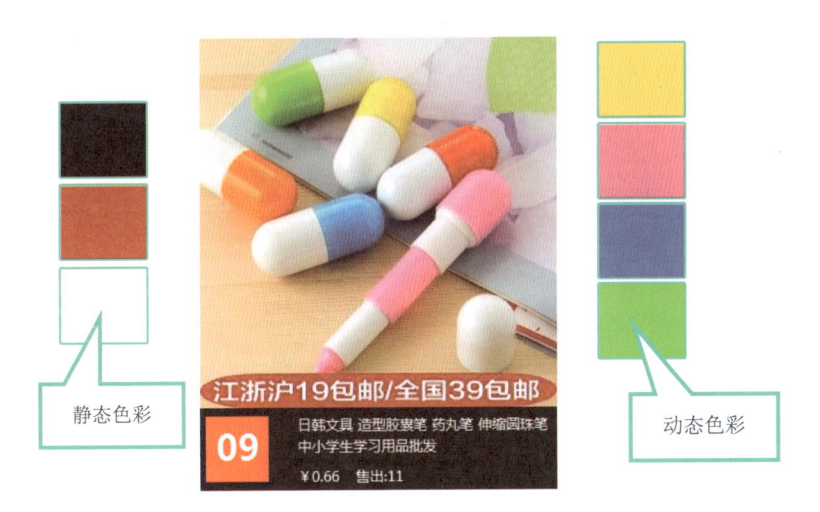

图4-45 静态色彩与动态色彩

4.3.2 强调色彩

强调色彩又名突出色彩，是网店页面设计时有特殊作用的色彩，是为了达到某种视觉效果时与静态色彩对比反差较大的突出色彩，或者是在店招中带有广告推荐意义的特殊色彩，或者是在某段文字中为了突出重点而用不同色彩加注文字等。如图4-46所示，作为强调色彩的文字、厨具、美食、标签与静态色彩的背景产生了强烈的对比。

强调色彩

图 4-46　强调色彩

4.4　统一间距与对齐

在店铺页面中将商品边框统一后，会使页面整体看起来非常统一，但是如果图片之间的间距或对齐方式不统一，整个页面看起来会有一种分散凌乱的感觉。图 4-47～图 4-49 所示为图片间距不统一、图片没有对齐及调整后的最终效果。

图 4-47　图片间距不统一

图 4-48 图片没有对齐

图 4-49 调整后的最终效果

可以十分清楚地看到,调整图片间距与对齐的细节在整体页面中的重要性,调整后会使整个页面看起来平整有序。

115

4.5 为网拍商品制作统一边框

虽然店铺中的商品图片只是简单地排列摆放,也能够起到整体划一的效果,但是不能把所有商品进行更好的视觉展现,如果先将所有商品图片裁剪成统一大小,再添加相同的边框,可以大大提升商品图片的效果,也会提高店铺的整体效果。

4.5.1 按图片颜色为其添加边框

大多数图片本身就有背景,而且背景中有很多种色彩,在给图片添加边框时,最好使用与图片背景颜色相同的颜色,而且最好选取图片周围的深颜色,如果图片周围有多种颜色,则选取占比最多的那种颜色。图 4-50 所示是为图片添加不同边框的效果,可以很明显地看出哪种颜色最适合用作图片的边框。

图 4-50 添加边框

提示　摆放多个商品时,如果不将边框颜色进行统一,那么整体给人的感觉将十分不好,如图 4-51 所示。

第 4 章　定位网店的配色与细节

图 4-51　统一边框颜色

4.5.2　细致调整图片背景边缘

当对一个商品图片的大小进行调整后，正常情况下图片会留下 1px 的毛边，图片边界会变得模糊，如果继续调整，图片模糊程度会加大，这个问题看起来不太严重，但是图片的背景边缘让人感觉很怪。下面用一张商品图片进行说明，如图 4-52 所示。

表面看不出有太大的异样，放大图像后边缘出现毛边

精确调整边缘后的效果

图 4-52　背景边缘细节调整

技巧：消除图片边缘毛边的方法是在图片上绘制一个稍小一点的选区，反选选区后删除选区中的内容，如图 4-53 所示。

117

图 4-53　细节调整

单独查看图片边缘效果并不是太明显，可以对排列的图片整体进行查看，可以十分清楚地看到图片边缘精细调整之后与之前的对比效果，如图 4-54 所示。

图 4-54　对比

4.5.3　统一边框样式

为图片添加边框后，不仅要统一图片边框的颜色，图片最外层也要使用相同的颜色，如果选择的图片背景颜色不一致，单独为图片添加边框会使整体看起来十分不协调，但要是为其添加一个白色描边后再添加统一的边框，则会让图片整体看上去更统一，如图 4-55 所示。

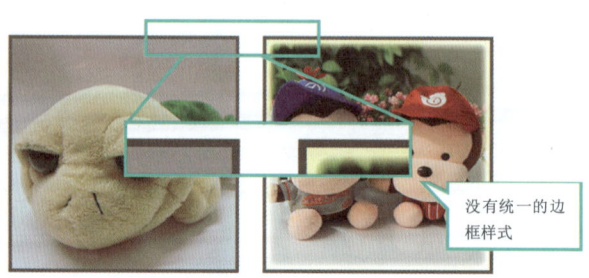

没有统一的边框样式

图 4-55　对比

已经统一的边框样式

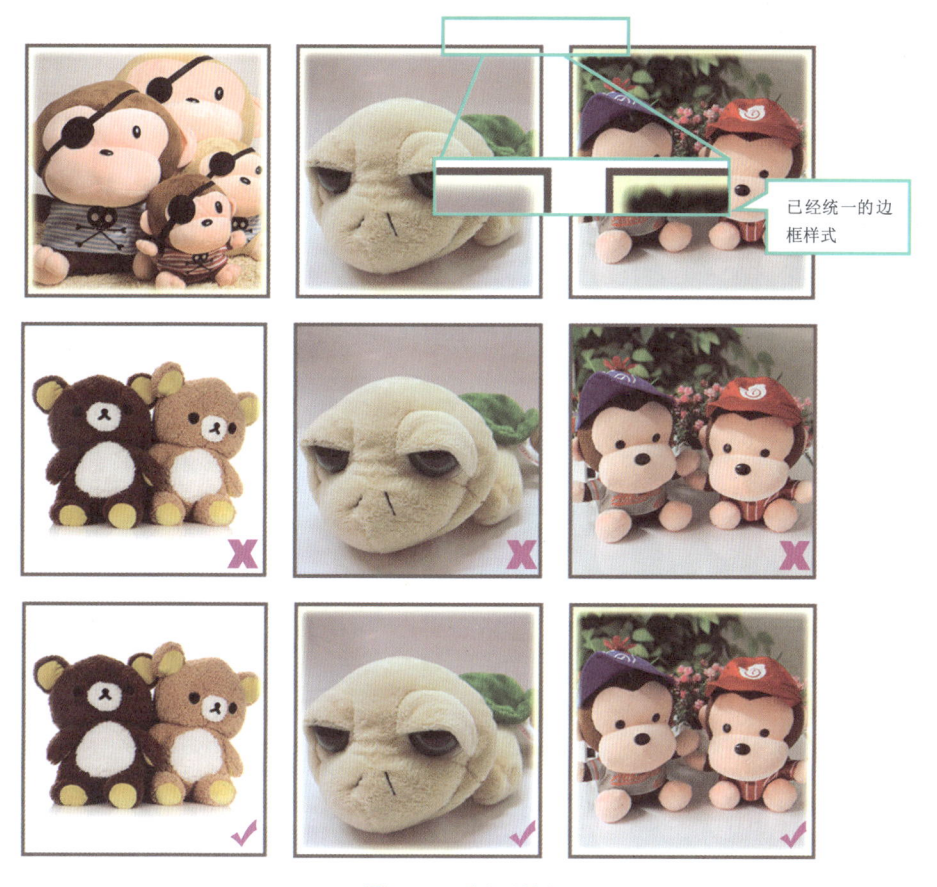

图 4-55　对比（续）

　　为图片添加统一的边框样式不但会让页面整体看起来更美观，还会对商品图片起到修饰与美化的作用，给买家留下比较深刻的印象，从而提高店铺销量。

　　当图片背景为深色时，图片的边框如果还是以深色作为描边色，将看不出效果，此时有两种解决方案，一种是去掉外边框，添加白色边框；另一种是将外边框颜色加亮，在边框与图片之间留出统一的间距，如图 4-56 所示。

图 4-56　深色背景

4.5.4 商品图片边框的制作

为商品添加边框会将浏览者的目光聚集到边框内的图片上，从而使买家可以更容易地对商品感兴趣，添加边框的具体操作如下。

操作步骤

（1）启动 Photoshop 软件，打开本书配套资源中的"素材 / 第 4 章 / 女鞋"素材，如图 4-57 所示。

（2）按 Ctrl+J 组合键复制背景，得到一个图层 1，如图 4-58 所示。

图 4-57　素材 　　　　　　　　　图 4-58　图层

（3）执行菜单命令"图层 / 图层样式 / 描边"，打开"描边"图层样式对话框，将描边颜色设置为边缘背景的深基色，其中的参数值设置如图 4-59 所示。

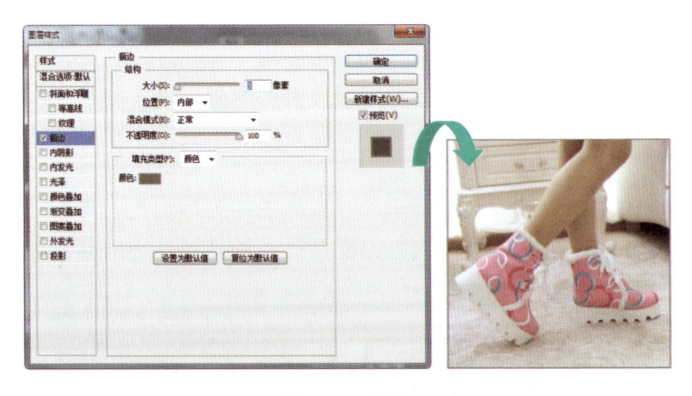

图 4-59　描边

（4）在对话框左面选中"内发光"复选框，打开"内发光"对话框，参数值设置如图 4-60 所示。

（5）设置完毕后单击"确定"按钮，效果如图 4-61 所示。

第 4 章　定位网店的配色与细节

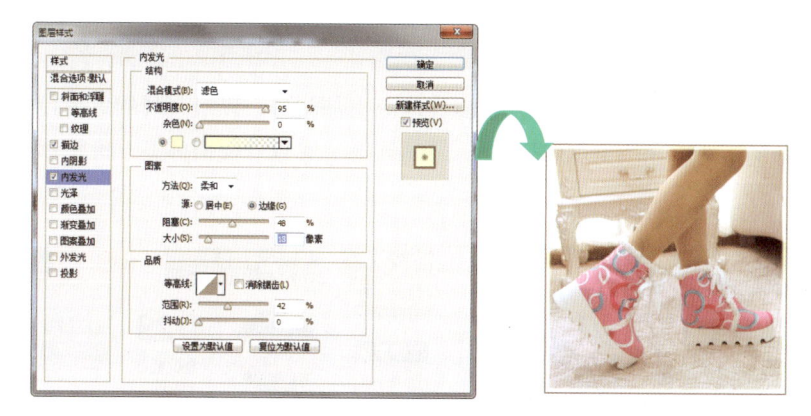

图 4-60　内发光　　　　　　图 4-61　最终边框效果

技巧：还可以通过"画布大小"命令为图片添加边框，如图 4-62 所示。

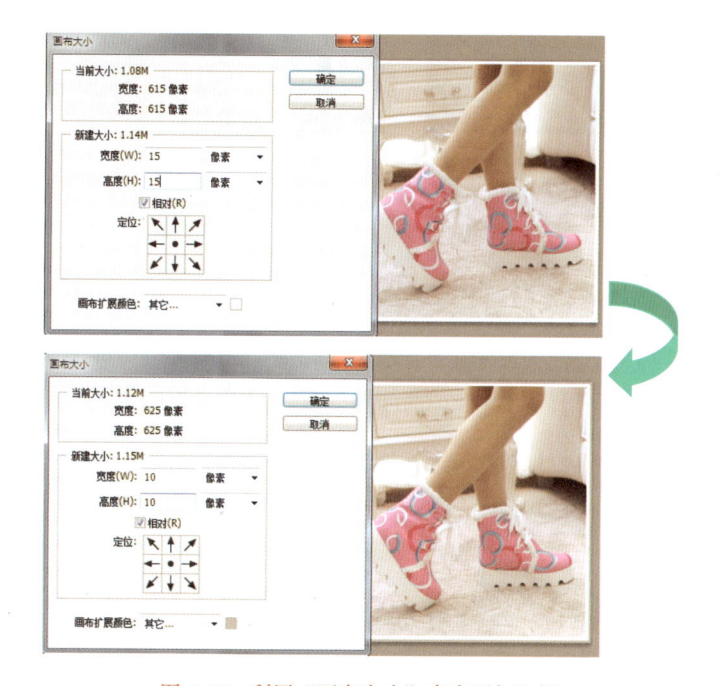

图 4-62　利用"画布大小"命令添加边框

4.6　增加图片的细节

在网店美工看来，要想让图片更加吸引人，不是只调整一下色调、修复一些瑕疵这么简单，还要为其增加一些细节，如添加标签、局部放大、增加投影等。

121

4.6.1 为商品添加标签

为商品图片添加与之相应的标签,可以让商品更加醒目,以最直观的效果传达当前在售商品的销售信息,以及与之相关的附加信息。商品标签主要包含促销标签、价格标签、分类标签等,如图 4-63 所示。

图 4-63 标签

4.6.2 放大商品的局部特征

在网店中,除了将商品整体展现出来,还可以将商品的局部进行放大显示,从而吸引买家注意。将商品图片局部放大可以用来展示商品的品牌、价格及不同样式,使当前商品的特征更加醒目,如图 4-64 所示。

图 4-64 局部放大

4.6.3　调整细节，增加商品视觉效果

　　如果直接为网店中的商品更换一个背景，那么看起来会使整个广告显得平庸而没有生机，如果在这个基础上为其调整背景，可以为商品添加一个倒影及投影，这样会使商品变得立体而更加吸引人，如图 4-65 所示。

图 4-65　倒影及投影

第 5 章

提升店铺流量的视觉图

本章重点：

- 设计店标
- 直通车图片设计
- 钻展图片设计
- 店招设计
- 全屏通栏首屏广告制作
- 其他区域广告制作
- 宝贝分类制作
- 店铺收藏与客服制作
- 店铺公告模板设计与制作
- 详情页
- 为图片创建切片后导出

第 5 章　提升店铺流量的视觉图

本章主要为大家介绍未进入店铺之前就吸引买家的视觉图制作，以及进入店铺后，网店首页可设计元素的组成部分制作。通过设计的这些视觉图，可以把买家直接吸引到店铺中。在买家进入网店之前，是通过搜索同类店铺的店标来吸引买家，或者通过直通车或钻展图效果来吸引买家；在买家进入网店之后，网店首页可设计元素主要包括首屏广告、轮播图、自定义区域图片设计等，每个区域在店面中都具有自己的作用与特点。

在设计与制作各个图片时，我们应该了解各个区域的尺寸，对于网店装修来说，了解网店的布局非常重要，如图 5-1 所示。

图 5-1　店铺中各个组成元素的尺寸

各个区域的尺寸如下。

❶ 店铺店招：950 像素 ×120 像素、全屏店招 1920 像素 ×120 像素、带导航店招全屏店招背景 1920 像素 ×150 像素。

❷ 导航：950 像素 ×30 像素。

❸ 自定义内容区：此处可以放置首屏广告图和轮播图，其中标准广告图为 950 像素 × 任意高度、全屏首屏广告图为 1920 像素 × 任意高度、标准轮播图为 950 像素 ×（100～600 像素）、全屏轮播图为 1920 像素 ×（100～600 像素）。

❹ 自定义内容区：宽度为 190 像素，高度除轮播图（100～600 像素）外随意。

❺ 自定义内容区：宽度为 750 像素，高度除轮播图（100～600 像素）外随意。

125

5.1 设计店标

店标就是网上店铺的标志，也就是我们常说的 Logo，文件格式为 GIF、JPG、JPEG、PNG，文件大小在 80KB 以内，建议尺寸为 100px×100px。在还没有进入淘宝店铺之前，搜索同类店铺时，可以在左侧看到店标，右侧会显示该店铺出售的相关商品，如图 5-2 所示。

图 5-2 店标和出售的宝贝

5.1.1 店标的设计原则

在设计时，店标大体可分为两大派，一派是以设计为主，要求构图有创意、新颖、富有个性化；一派是以实物为主，要求有内涵，能体现店铺个性特征和独特品质，可以直接看出经营商品，如图 5-3 所示。

图 5-3 按不同原则设计的店标

第 5 章　提升店铺流量的视觉图

图 5-3　按不同原则设计的店标（续）

5.1.2　店标的作用

通过一定的图案、颜色向消费者传达商店信息，以达到识别商品、促进销售的目的。店标能够使消费者产生经营商品类别或行业的联想。风格独特的标识能够刺激消费者产生幻想，从而对该店铺产生好的印象。

5.1.3　店标的制作思路

店标的制作思路可以通过文字、字母的组合来得到理想设计风格，还可以通过图片化进行显示，让浏览者十分容易地了解设计者的制作思路，将制作时用到的标准色附加到演化过程下方，让浏览者知道设计店标时使用的颜色，如图 5-4 所示。

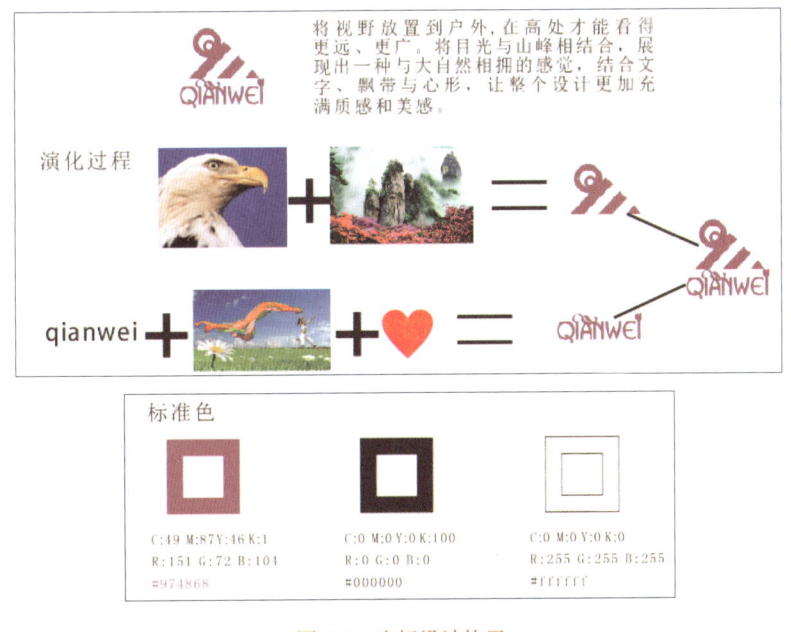

图 5-4　店标设计构思

127

5.1.4 店标的制作过程

店标的具体制作思路已经明确，制作过程包含提取关键字或首字母，将它们和图案结合，完成构思过程。本节以设计围巾店铺的店标为例进行具体讲解，具体操作过程如下。

操作步骤

（1）启动 Photoshop，执行菜单命令"文件/新建"，打开"新建"对话框，参数值设置如图 5-5 所示。

图 5-5 "新建"对话框

（2）设置完毕后单击"确定"按钮，系统会新建一个空白文档，如图 5-6 所示。

（3）新建图层 1，设置前景色，使用 ☐（直线工具）在文档中绘制三条"宽度"为 10 像素的直线，如图 5-7 所示。

图 5-6 图层 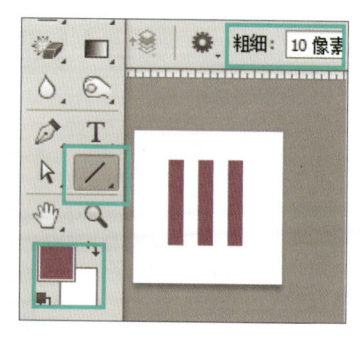　　　　图 5-7 绘制直线

（4）按 Ctrl+T 组合键调出变换框，拖动控制点旋转对象，按回车键完成变换，如图 5-8 所示。

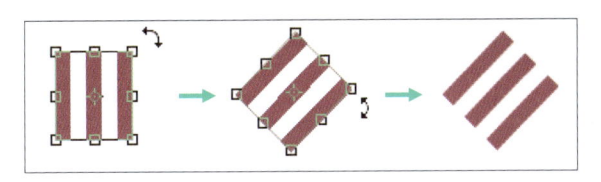

图 5-8 变换

（5）绘制一个矩形选区，按 Delete 键将选区内的图片清除，如图 5-9 所示。

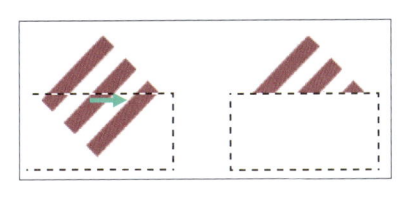

图 5-9 清除选区内的图片

（6）按 Ctrl+D 组合键去掉选区，选择 ◯（椭圆工具），在属性栏中设置"填充"为无、"描边"为与线条颜色一致、"宽度"为 8 点、"样式"为直线，使用 ◯（椭圆工具）在斜面上绘制一个圆环，如图 5-10 所示。

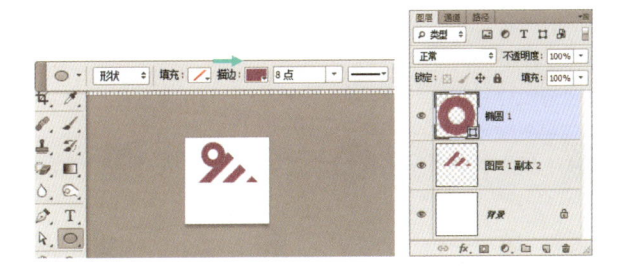

图 5-10 绘制圆环

（7）在圆环的内部绘制一个"宽度"为 4 点的圆环，如图 5-11 所示。

（8）同时选取椭圆 1、椭圆 2 和图层 1，按 Ctrl+E 组合键将它们合并为一个图层，如图 5-12 所示。

图 5-11 绘制圆环　　　　图 5-12 合并图层

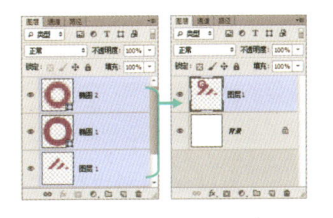

129

（9）在绘制的图案下面输入文字 QIANWEI，如图 5-13 所示。

图 5-13　输入文字

（10）新建图层 2，使用 （自定义形状工具）在"形状拾色器"中找到形状图案，并绘制在文字上面，效果如图 5-14 所示。

图 5-14　绘制形状

（11）对于不同商品可以设计出不同的店标，图 5-15 所示的图片为各种 Logo。

图 5-15　店标 Logo

5.1.5　发布店标

网店开张后的第一件事就是为网店挂上店标，在店铺的注册流程中会出现上传的店标和设置"店铺名称""店铺简介""经营类型"等信息，如图 5-16 所示。当店铺已经运营成功后，如果对之前的店标感到不满意想换一个，要先将设计好的店标准备好，具体替换方法如下。

图 5-16　添加参数

操作步骤

（1）进入淘宝后台，在左侧执行"店铺管理/店铺基本设置"命令，进入"店铺基本设置"页面，单击店标下面的"上传图标"按钮，如图 5-17 所示。

图 5-17　选择按钮

（2）系统会弹出"选择要加载的文件"对话框，选择设计制作的"围巾店标"，如图5-18所示。

图5-18　选择

（3）选择完毕后单击"打开"按钮，此时在淘宝中搜索店铺便可以看到新设置的店标效果，如图5-19所示。

图5-19　店标

5.2　直通车图片设计

对于淘宝美工而言，制作直通车图片是一件非常普通的事，因为在买家还没有进入店铺或详情页之前，看到的恐怕只有直通车了，所以设计一个直通车图片，在淘宝运营和推广中起到非常重要的作用。直通车推广要想吸引点击，带来流量，首先要做好图片的视觉优化和文字的精细排版工作，如图5-20所示。

图5-20　直通车图片

5.2.1 直通车图片的设计原则

大家要知道，淘宝直通车推广要吸引点击，从而引来流量，除了要做好文字的精细排版，推广图制作也是很重要的。千万别小看这小小的推广图，能否有效地为网店带来流量甚至是转化率，它可起着不小的作用。

直通车图片的设计，可以直接影响店铺的销量，在设计图片时，要从吸引买家、传达主体信息及设计要领等方面进行细致制作。

吸引买家

在定位之后，制作直通车图片首先要考虑图片的卖点，将卖点放置到直通车图片中，并将其放大，可以更加直接地辅助商品吸引流量。以下便是不同卖点的总结，如图 5-21 所示。

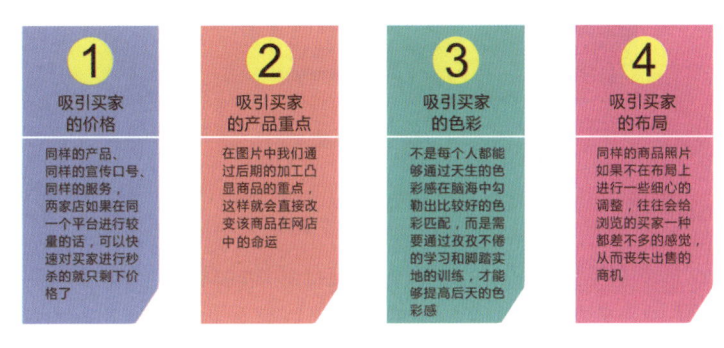

图 5-21　吸引买家方面

1）吸引买家的价格

对商品的价格进行详细剖析，同样的商品、同样的宣传口号、同样的服务，两家店如果在同一个平台进行较量，可以快速打动买家的就只剩下价格了。哪怕只是差一分钱或在原有价格上有轻微折扣，在图片中的视觉和买家心理上也会起到一个绝对的主导作用，这就是价格的魅力，将价格直接以视觉的方式加在商品图片中就会起到推波助澜的效果，如图 5-22 所示。

图 5-22　吸引买家的价格

提示：在对商品图片进行价格编辑时，应该避开商品的第一视觉，让买家先看到品牌，再看到促销价格，这样可以让买家在心理上产生对当前品牌商品的价格接受度，从而达到成交的目的。

2）吸引买家的商品重点

在网上卖东西说白了就是卖图片，商品再好如果拍出的图片不吸引人，那么销售情况也不会很乐观。如果在图片中我们通过后期的加工突出商品的重点，就会改变商品的销售情况，图 5-23 所示图片就是通过添加文字或修饰来凸显商品重点。

图 5-23　吸引买家的商品重点

3）吸引买家的色彩

如果一个商品的颜色与背景色相同或相近，是很容易使商品的辨识度降低的，同时也使消费者很难将注意力集中在商品上，配合完美的色彩可以完全凸显出商品，如图 5-24 所示。

图 5-24　吸引买家的色彩

提示：在设计直通车图片的时候，要懂得选择背景色，或者尽量在拍摄中使用与商品本身色彩差异较大的颜色，但是也不要让背景色太过于复杂，否则很容易使商品图片的主导地位受到影响。

4）吸引买家的布局

淘宝直通车图片的布局就是构图，一个好的构图可以让浏览者看起来十分舒服。直通车图片的构图方式主要有以下几种，如图 5-25 所示。

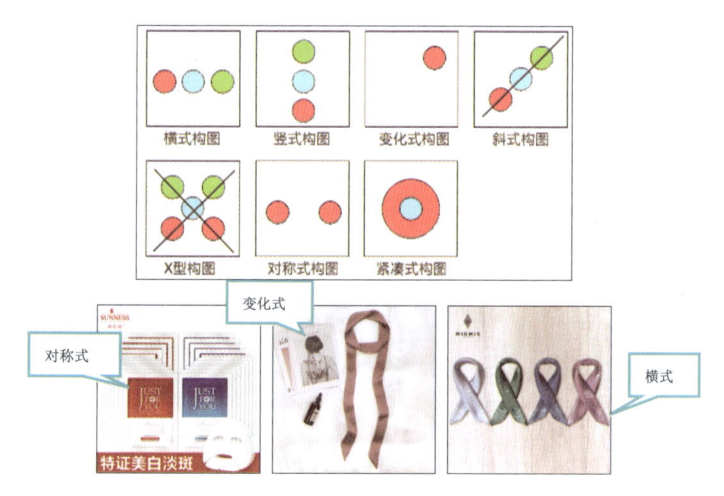

图 5-25　吸引买家的布局

传达主体信息

明确卖点之后，就要对直通车图片进行后期设计了，在设计中应该考虑的无非就是以下几点，如图 5-26 所示。

图 5-26　传达主体信息

1）单独宝贝展示

没有文案参与，只是以宝贝本身作为宣传推广图片，这样的图片在拍摄时就要注意背景及色彩的搭配，或者在后期对图片进行色彩或凸显主体的加工，推荐使用 Photoshop，如图 5-27 所示。

图 5-27　单独宝贝展示

2）宝贝+文案展示

宝贝图片编辑完成后，使用合适的软件在图片上加入相应的文案，文案也需要进行一定的排版，这样看起来才会舒服一些，如图 5-28 所示。

图 5-28　宝贝+文案展示

3）宝贝与文案创意结合展示

本单元需要大量的图片素材作为可操作对象，使直通车整体看起来非常绚丽多彩，如图 5-29 所示。

图 5-29　宝贝与文案创意结合展示

设计要领

在对直通车图片进行设计时，一定要考虑图片设计的一些要领，才能使商品在成千上万的宝贝中脱颖而出，具体的要领如图 5-30 所示。

图 5-30　直通车的设计要领

1）明确卖点

众所周知，直通车图片就是商品主图的第一张展图。在设计直通车图片时，首先要考虑该图片应该让买家第一时间知道什么，无论价格、商品功能还是商品本身，在设计时都要将重点凸显出来，一定不要让重点部分与次要部分平分秋色，让买家分不清主次。直通车图片在制作时通常不会只做一张，可以在不同的直通车图片中展示不同的卖点，如图5-31所示。

图 5-31　明确卖点

2）文案辅助

在缩放商品图片的时候，商品会相应变模糊，因此在缩小商品后应适当锐化一次，最多不要超过两次，这样商品看上去更有质感。但是，缩小之后的图片切勿放大，如果觉得商品缩放得太小了，就用拍摄的高精度原图重新缩放。主图部分调整清晰后，辅助文本设计也需要整齐、统一，缺一不可。整齐即所有文字或左或中或右对齐。所谓统一，就是字体、样式、颜色、大小、行距、字距等统一，对于其中的重点信息可以通过改变字号或颜色来体现。

对于展示文案的具体内容，必须要分析商品及受众消费群体，提炼出最精髓的信息予以展示。如功能类商品以展示功效为主，优势突出的商品以展示优势为主，同时也可以考虑给消费者更多的选择空间。切勿盲目展示，否则得不偿失，如图5-32所示。

图 5-32　文案辅助

3）差异化设计

网店中的差异化设计说白了就是要与众不同，区别于其他网店使用的商品图片类型。比如，为面膜做直通车图片，别人只展示商品本身的时候，我们可以将图片做成使用前后对比的效果，或者对商品图片进行创意设计。又比如，做衣服的直通车图片，大多使用模特进行拍摄，这时我们可以考虑挂牌或摆拍，使本店的图片有别于其他网店，如图 5-33 所示。

图 5-33　差异化设计

5.2.2　直通车在淘宝中的位置

在淘宝网上，直通车出现在搜索宝贝结果页面的右侧（13 个广告位）和宝贝结果页的最下端（5 个广告位）。搜索页面可一页一页往后翻，展示位以此类推，展现形式为"图片 + 文字"，如图 5-34 所示。其他的展示位："已买到宝贝"页面中的掌柜热卖、"我的收藏"页面中的掌柜热卖、"每日焦点"中的热卖排行。直通车活动展示位：淘宝首页下方的热卖单品、各个子频道下方的热卖单品等。天猫页面下方的直通车展示位：通过输入关键词或单击搜索类目，在搜索结果页面的最下方"商家热卖"的四个位置，展示位以此类推。

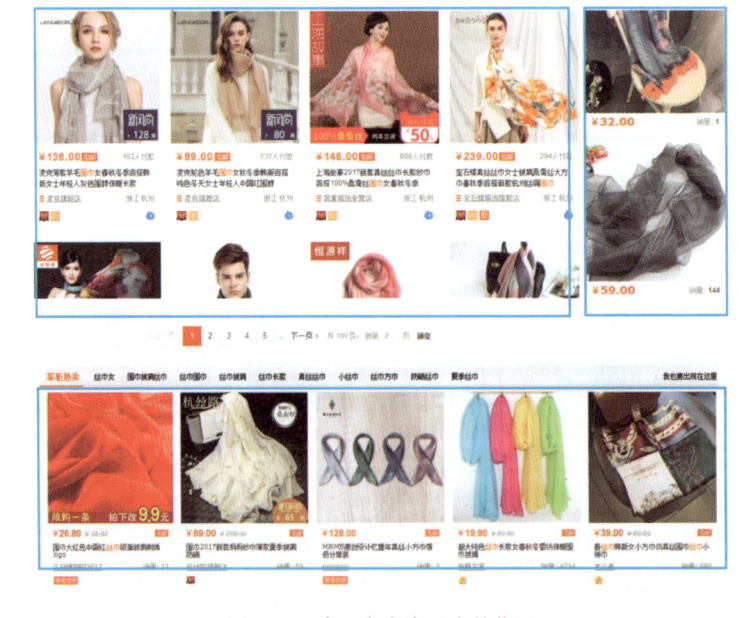

图 5-34　直通车在淘宝中的位置

5.2.3 设计与制作直通车图片

直通车图片就是当前宝贝上传图片中的第一张图片,在设计制作时,直通车图片尺寸为 800 像素 × 800 像素,文字最好与图片相呼应并突出重点。本节以丝巾为例制作一个直通车图片,具体操作如下。

操作步骤

(1)打开 Photoshop CC 软件,新建一个"宽度"为 800 像素、"高度"为 800 像素、"分辨率"为 72 像素/英寸的空白文档,将背景色填充为"灰色",再使用 (多边形套索选区工具)绘制一个梯形选区,将其填充为白色,制作一个背景相切的感觉,如图 5-35 所示。

(2)按 Ctrl+D 组合键去掉选区,打开一张丝巾素材,将其拖曳到直通车文档中,效果如图 5-36 所示。

图 5-35　新建文档填充颜色　　图 5-36　移入素材

(3)此时发现素材的清晰度不是很高,只要将丝巾所在的图层进行复制,得到一个副本,执行菜单命令"滤镜/其他/高反差保留",打开"高反差保留"对话框,参数值设置如图 5-37 所示。

(4)设置完毕后单击"确定"按钮,在"图层"面板中设置"混合模式"为"叠加","不透明度"设置为 76%,效果如图 5-38 所示。

图 5-37　"高反差保留"对话框　　图 5-38　设置混合模式

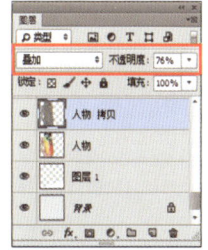

（5）按住 Ctrl 键单击人物图层的缩略图，调出选区后新建一个图层，将选区填充为"黑色"，如图 5-39 所示。

（6）按 Ctrl+D 组合键去掉选区，执行菜单命令"滤镜/模糊/高斯模糊"，打开"高斯模糊"对话框，设置"半径"为 4.8 像素，设置完毕后单击"确定"按钮，调整"不透明度"为 46%，按 Ctrl+T 组合键调出变化框，按住 Ctrl 键，效果如图 5-40 所示。

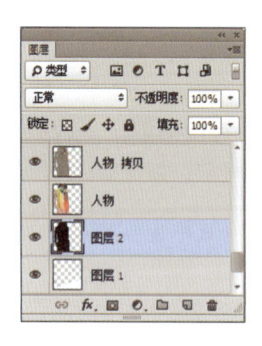

图 5-39　新建图层并填充选区

图 5-40　变换

（7）调整完毕后按回车键，新建图层，使用 （多边形套索选区工具）绘制两个不同颜色的三角形，并在上面输入文字，调整文字的字体和大小，在有的文字后面绘制黑色矩形作为衬色，在"色"字后面绘制白色田字框格，效果如图 5-41 所示。

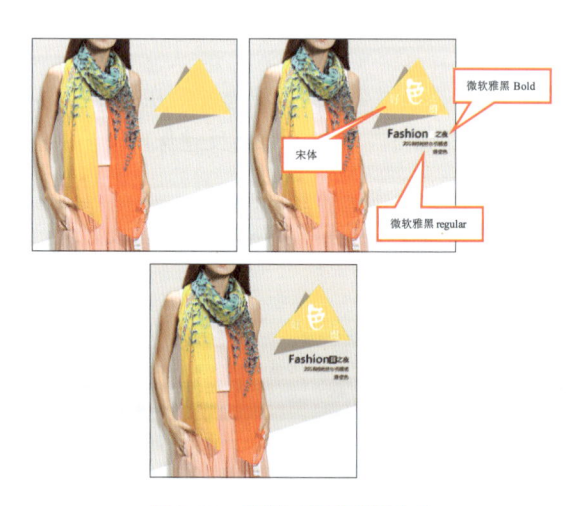

图 5-41　绘制三角形编辑文本

（8）新建图层，绘制一个黄色正圆和白色直线，并在上面输入合适的文本，至此本例制作完毕，效果如图 5-42 所示。

图 5-42　最终效果

5.3　钻展图片设计

淘宝钻展位用图片吸引买家进店，看似简单的钻展图片，制作起来却十分有难度。图片是否够吸引人、图片制作规格是否符合淘宝规定等，都需要设计者了解。好的淘宝钻展图片绝对可以为店铺带来流量，钻展图片在淘宝首页、淘宝频道、淘宝站外均设有钻展位，尺寸有50多种，图 5-43 为淘宝首页的钻展图。

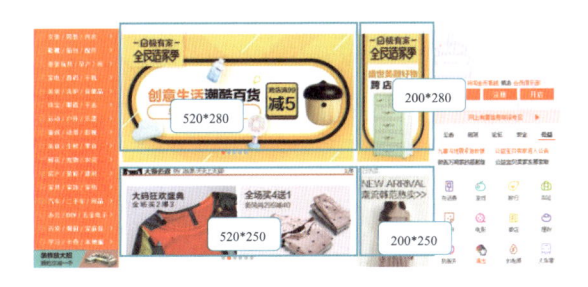

图 5-43　淘宝中的钻展图片

5.3.1　钻展图片的设计原则

一个钻展位置的投放，前期要经过大量的数据分析及投入产出比预算，才能把广告位确定下来，这可不是一件容易的事情。因为毕竟是花钱做广告，若没有足够的把握能带来效益，商家也不会贸然行事。因此，在做钻展广告投放时，对钻展图片的要求也十分严格。钻展图片就是一个店铺的迎宾，将其做好了就会带来巨大的流量。

钻展图片的设计原则与直通车的设计原则基本相同，只是在设计时比直通车要更加严格。

技巧：由于淘宝网首页不允许出现 Flash 广告，所以只能用 JPG 格式或 GIF 格式的图片。字体建议使用方正、宋体、黑体。

> **提示**
>
> 钻展位的特点主要有以下两个。
>
> 范围广：覆盖全国大约 80% 的网上购物人群，每天超过 12 亿次的展现机会。
>
> 定向精准：目标定向强，迅速锁定目标人群，广告投其所好，加大订单转化量。

5.3.2 钻展图片主图设计与制作

钻展图片主图就是淘宝首页第一屏中的大焦点图，设计主图时要求先掌握图片尺寸、色彩搭配、卖点、文案等内容，本节以丝巾作为素材进行钻展图片制作，具体操作如下。

操作步骤

（1）打开 Photoshop CC 软件，执行菜单命令"文件/新建"，新建一个"宽度"为 520 像素、"高度"为 280 像素的空白文档，执行菜单命令"文件/打开"，打开本例对应的"春花背景"素材，将其拖曳到"钻展主图"文档中，如图 5-44 所示。

图 5-44 新建文档

（2）新建一个图层并命名为"纹理"，先使用 ![画笔] （画笔工具）选择"画笔拾色器"中的一个纹理笔触，在文档中绘制白色笔触，再新建一个图层并命名为"纹理 副本"，使用 ![画笔] （画笔工具）绘制一个绿色笔触，效果如图 5-45 所示。

图 5-45 绘制画笔

（3）在"图层"面板中设置"纹理 副本"的混合模式为"饱和度"，此时背景部分制作完毕，效果如图5-46所示。

图5-46 混合模式

（4）打开本书配套资源中的"丝巾模特01"素材，使用 （移动工具）将图片拖曳到"钻展主图"文档中，效果如图5-47所示。

图5-47 移入素材

（5）此时发现素材的清晰度不是很高，只要将丝巾所在的图层进行复制，得到一个副本，执行菜单命令"滤镜/其他/高反差保留"，打开"高反差保留"对话框，设置"半径"为10像素，单击"确定"按钮后的效果如图5-48所示。

图5-48 应用高反差保留

（6）按住Ctrl键单击人物对应的图层缩略图，调出选区后新建一个图层，将选区填充为"黑色"，如图5-49所示。

143

图 5-49　新建图层并填充选区

（7）按 Ctrl+D 组合键去掉选区，执行菜单命令"滤镜 / 模糊 / 高斯模糊"，打开"高斯模糊"对话框，设置"半径"为 4.8 像素，设置完毕后单击"确定"按钮，调整"不透明度"为 30%，按 Ctrl+T 组合键调出变化框，按住 Ctrl 键，效果如图 5-50 所示。

图 5-50　模糊后

（8）新建图层，使用 ▭（矩形工具）绘制一个白色矩形，设置"不透明度"为 60%，效果如图 5-51 所示。

不透明度为 60%

图 5-51　绘制矩形

（9）新建图层，使用 ▭（矩形选框工具）绘制一个矩形选区，执行菜单命令"编辑 / 描边"，打开"描边"对话框，参数值设置如图 5-52 所示。

图 5-52 "描边"对话框

（10）设置完毕后单击"确定"按钮，按 Ctrl+D 组合键去掉选区，效果如图 5-53 所示。

图 5-53 添加描边

（11）使用 T.（横排文字工具）在合适的位置输入文字，设置字号、字体及文本颜色，如图 5-54 所示。

图 5-54 输入文字

（12）再新建图层，使用 □（矩形工具）绘制一个绿色线条，在白色文字后面绘制绿色矩形衬色，如图 5-55 所示。

145

图 5-55　绘制矩形

（13）打开一张"草"素材，将其拖曳到"钻展主图"文档中，调整大小和位置，效果如图 5-56 所示。

图 5-56　移入素材

（14）再用制作矩形和矩形边框同样的方法，使用 ◯（椭圆工具）和"描边"命令制作"特价区"内容，效果如图 5-57 所示。

图 5-57　绘制圆形及制作边框

（15）使用 T.（横排文字工具）输入文本，至此本例制作完毕，效果如图 5-58 所示。

图 5-58　钻展图片

（16）对于不同商品，可以设计出不同风格的钻展图片，图 5-59 所示为各种钻展图片。

图 5-59　各种钻展图片

5.3.3　钻展图片右侧小图设计与制作

钻展小图在淘宝首页一屏中仍然起到非常重要的视觉作用，本节以女鞋作为钻展小图的素材，具体操作如下。

操作步骤

（1）打开 Photoshop CC 软件，执行菜单命令"文件/打开"，打开一张"长靴"素材，如图 5-60 所示。

（2）新建一个"宽度"为 200 像素、"高度"为 250 像素的空白文档，使用 （移动工具）将"长靴"素材拖曳到新建文档中，执行菜单命令"编辑/变换/水平翻转"，将图片进行水平翻转后，调整图片大小，效果如图 5-61 所示。

147

图 5-60　素材　　　　　　　　　　　　　　图 5-61　新建文档并移入素材

（3）使用 绘制选区，将其填充为"青色"，设置"不透明度"为 60%，效果如图 5-62 所示。

图 5-62　绘制选区并填充颜色

（4）新建一个图层，使用 绘制青色直线，调整 60% 的不透明度，效果如图 5-63 所示。

图 5-63　绘制直线

（5）使用同样的方法绘制黑色图形和青色圆角矩形及线条，如图 5-64 所示。

图 5-64　绘制图形

（6）输入相应的文案，至此本例制作完毕，效果如图 5-65 所示。

图 5-65　最终效果

（7）其他尺寸的优秀钻展图，效果如图 5-66 所示。

图 5-66　钻展图片

5.4 店招设计

一个好的店招会在顾客进入店铺时起到重要的作用，让顾客进入店铺时在店招区域就知道这个店是卖什么的，这就是店招在店铺中的作用。在设计店招时，尺寸是必须要优先考虑的，否则做好了也不能够上传。

5.4.1 店招设计的原则

店招要直观明确地告诉客户店铺是卖什么的，表现形式最好是实物图片和文字介绍，但是店招中的文字不能太多，如果太多会显得比较乱，如图5-67所示。

在制作店招时最好秉承以下几个要点。

店招设计要点一：店铺名字（告诉客户店铺是卖什么的，品牌店铺可以标榜自己的品牌）。
店招设计要点二：实物图片（直观形象地告诉客户店铺是卖什么的）。
店招设计要点三：商品特点（直接阐述店铺的商品特点，第一时间打动客户，吸引客户）。
店招设计要点四：店铺（商品）优势和差异化（告诉客户店铺和商品的优势，以及和其他店铺的不同，形成差异化竞争）。

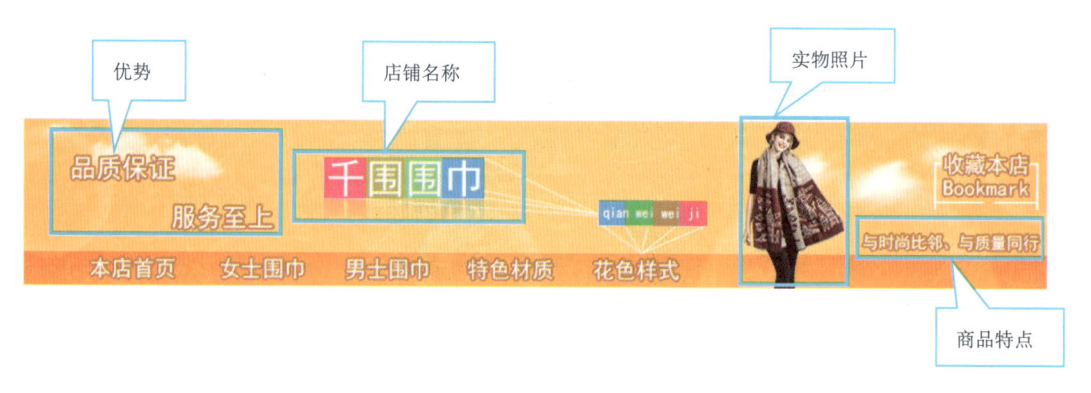

图5-67 店招

5.4.2 通栏带导航店招的设计与制作

店招的具体制作思路已经明确，本节以"千围围巾"作为店招的制作目标，首先要明确通栏带导航店招的尺寸为1920像素×150像素，由于是以围巾作为店铺主题，所以以暖色调作为主色调，具体制作过程如下。

第 5 章　提升店铺流量的视觉图

操作步骤

（1）打开 Photoshop CC 软件，执行菜单命令"文件 / 新建"，打开"新建"对话框，参数值设置如图 5-68 所示。

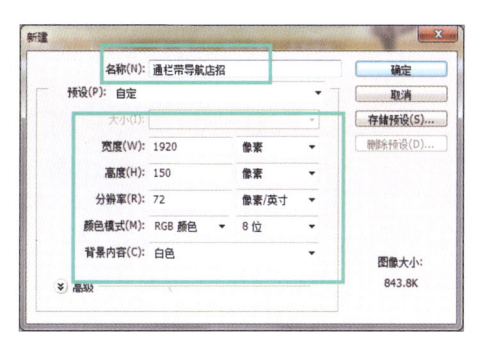

图 5-68　"新建"对话框

（2）设置完毕后单击"确定"按钮，系统会新建一个空白文档，按 **Ctrl+R** 组合键调出标尺，从左向右拖出两条辅助线，两条辅助线之间的距离为 950 像素，保证在整个店招的中间位置，将前景色设置为"黄色"、背景色设置为"浅橘色"，使用 ■（渐变工具）从中心向外部拖曳鼠标，填充从前景色到背景色的径向渐变，如图 5-69 所示。

图 5-69　新建文档并填充渐变色

（3）执行菜单命令"文件 / 打开"，打开本书配套资源中的"图案"素材，将其拖曳到新建文档中，调整大小并设置"混合模式"为"滤色"，效果如图 5-70 所示。

图 5-70　移入素材并设置混合模式

（4）新建一个图层，选择 ✎（画笔工具）载入附带的"云朵"画笔后，在"画笔拾色器"中选择"气泡""云彩"等画笔笔触，在文档中绘制气泡和云彩，效果如图 5-71 所示。

151

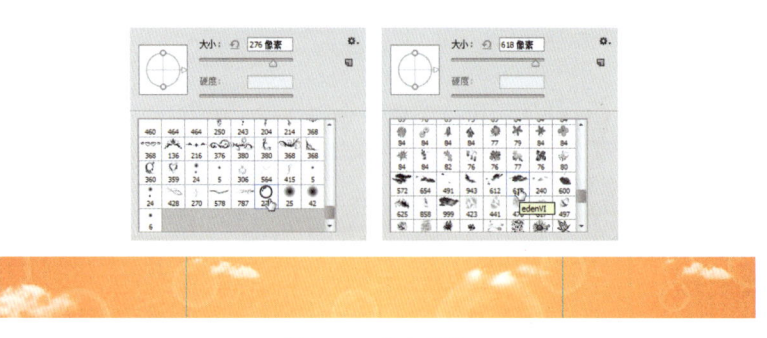

图 5-71 移入素材

（5）新建一个图层，使用 ▢ （矩形选框工具）绘制一个"宽度"为1920像素、"高度"为30像素的矩形选区，效果如图 5-72 所示。

图 5-72 绘制选区

（6）将前景色设置为"橘色"、背景色设置为"浅橘色"，使用 ▢ （渐变工具）从上向下拖曳鼠标，填充从前景色到背景色的线性渐变，效果如图 5-73 所示。

图 5-73 填充渐变色

（7）打开本书配套资源中的"导航围巾人物"素材，将其拖曳到"通栏带导航店招"文档中，效果如图 5-74 所示。

图 5-74 移入素材

（8）使用 ▢ （矩形工具）在文档中绘制4个大小一样但颜色不同的矩形，再使用 ╱ （直线工具）绘制白色线条，效果如图 5-75 所示。

图 5-75 绘制矩形和线条

152

第 5 章　提升店铺流量的视觉图

（9）使用同样的方法制作其他的矩形和白色线条，效果如图 5-76 所示。

图 5-76　再绘制矩形和线条

（10）使用 T.（横排文字工具）在文档中的不同位置输入文字，效果如图 5-77 所示。

图 5-77　输入文字

（11）选择"品质保证"文本后，执行菜单命令"图层/图层样式/描边"，进行如图 5-78 所示的参数设置。

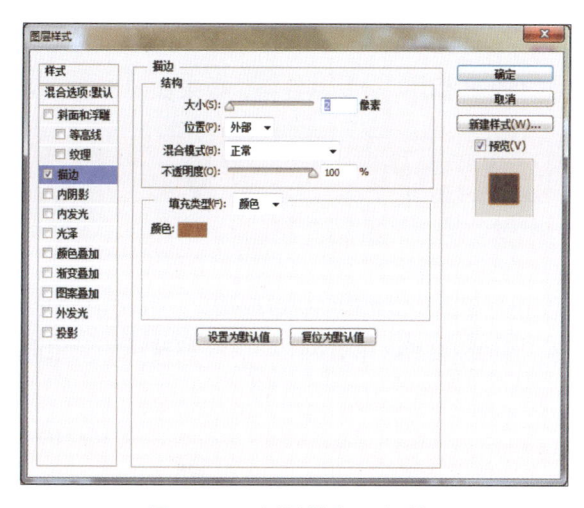

图 5-78　"图层样式"对话框

（12）设置完毕后单击"确定"按钮，效果如图 5-79 所示。

图 5-79　描边后

（13）先在"图层"面板中的"品质保证"图层上单击鼠标右键，在弹出的菜单中选择"拷贝图层样式"命令，再在其他文本上单击鼠标右键，在弹出的菜单中选择"粘贴图层样式"命令，如图 5-80 所示。

153

图 5-80　拷贝与粘贴图层样式操作

（14）拷贝与粘贴图层样式后，效果如图 5-81 所示。

图 5-81　粘贴图层样式后的效果

（15）新建图层，在"收藏本店"处绘制线条，效果如图 5-82 所示。

图 5-82　绘制线条

（16）选择"千围围巾"和与之对应的小矩形图层，按 **Ctrl+Alt+E** 组合键得到一个合并后的图层，执行菜单命令"编辑 / 变换 / 垂直翻转"，将翻转后的对象向下移动，效果如图 5-83 所示。

图 5-83　复制并翻转

（17）单击"添加图层蒙版"按钮，添加一个空白蒙版，使用（渐变工具）从上向下拖曳鼠标，填充从白色到黑色的线性渐变，设置"不透明度"为 31%，效果如图 5-84 所示。

图 5-84　添加并编辑蒙版

(18)自此本例制作完毕，效果如图 5-85 所示。

图 5-85　最终效果

5.4.3　带导航的标准店招制作

通栏带导航的全屏店招制作完毕，下面在此基础上制作带导航的标准店招，带导航的标准店招大小为 950 像素 ×150 像素，具体制作过程如下。

操作步骤

（1）打开"带导航的全屏店招背景"，选择 (矩形选框工具)，在属性栏中设置"样式"为"固定大小"、"宽度"为 950 像素、"高度"为 150 像素，效果如图 5-86 所示。

图 5-86　设置选区属性

（2）新建一个图层并命名为"黑色"，使用 (矩形选框工具)在文档中单击，绘制一个 950 像素 ×150 像素的矩形选区，将其填充为黑色，如图 5-87 所示。

图 5-87　绘制矩形选区并填充

（3）按 Ctrl+D 组合键去掉选区，同时选取黑色矩形图层与背景图层，执行菜单命令"图层/对齐/水平居中对齐"，效果如图 5-88 所示。

图 5-88　对齐

（4）按住 Ctrl 键单击"黑色"缩略图，调出矩形的选区，将"黑色"隐藏，效果如图 5-89 所示。

图 5-89　调出选区隐藏图层

（5）执行菜单命令"图像/剪裁"，此时标准店招制作完毕，效果如图 5-90 所示。

图 5-90　带导航标准店招

5.4.4　标准店招制作

带导航的标准店招制作完毕，下面在此基础上制作标准店招，标准店招大小为 950 像素 ×120 像素，具体制作过程如下。

操作步骤

（1）打开刚才制作的"带导航的标准店招"，执行菜单命令"图像/画布大小"，打开"画布大小"对话框，参数值设置如图 5-91 所示。

图 5-91　"画布大小"对话框

（2）设置完毕后单击"确定"按钮，在弹出的对话框中单击"继续"按钮，此时"标准店招"制作完毕，如图 5-92 所示。

图 5-92　标准店招

5.4.5　带导航的通栏店招背景制作

通栏带导航店招已制作完毕，下面在此基础上制作带导航的全屏店招背景，带导航的全屏店招大小为 1920 像素 ×150 像素。打开"通栏带导航店招"文档，将导航上的文字隐藏，再将其储存为 JPG 格式即可，效果如图 5-93 所示。

图 5-93　通栏全屏店招背景

5.5　全屏通栏首屏广告制作

首屏广告图在网店中的作用就是吸引买家的眼球，由于处在第一屏的位置，进入网店后第一眼就会看到店招、导航和首屏广告。电脑屏幕的高度是有限的，为了让买家看到整个广告图，所以必须要将高度进行一下控制，使其能与店招和导航出现在一屏内。现在网店比较流行全屏通栏广告或焦点图，以让网店整体看起来更加高大上，如图 5-94 所示。之前宽度为 950 像素的广告或焦点图已经不经常放置在首屏位置了。

网店美工实操：淘宝天猫店铺设计与装修

图 5-94 全屏广告或轮播图

5.5.1 全屏广告图设计与制作

全屏广告图通常会被放置到第一屏中，设计全屏广告图时要考虑首屏的高度，所以这里我们将"宽度"设置为1920像素、"高度"设置为600像素，本节以丝巾作为设计与制作的目标，具体操作如下。

操作步骤

（1）新建一个"宽度"为1920像素、"高度"为600像素的空白文档，打开一张"海边"素材，将其拖曳到新建文档中，单击"添加图层蒙版"按钮，添加一个空白蒙版，使用（渐变工具）从上向下拖曳鼠标，填充从白色到黑色的径向渐变，设置"不透明度"为75%，效果如图 5-95 所示。

图 5-95 新建文档并编辑蒙版

158

第 5 章　提升店铺流量的视觉图

（2）打开一张"围巾模特"素材，将其拖曳到新建文档中，调整大小和位置，效果如图 5-96 所示。

图 5-96　移入素材

（3）使用 T.（横排文字工具）选择合适的字体和字号后，在页面中输入文字，效果如图 5-97 所示。

图 5-97　设置混合模式

（4）选取文字，按 Ctrl+Alt+E 组合键得到一个合并后的图层，效果如图 5-98 所示。

（5）先将前景色设置为"绿色"、背景色设置为"黄色"，执行菜单命令"滤镜/渲染/分成云彩"，再按 Ctrl+F 组合键数次，得到一个黄绿相间的图片，并移动一下位置，效果如图 5-99 所示。

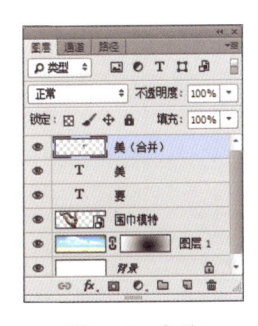

图 5-98　合并 　　　　　　图 5-99　滤镜

159

（6）使用 ▢（矩形工具）和 ◯（椭圆工具）分别绘制矩形和圆形，效果如图 5-100 所示。

图 5-100　绘制矩形和圆形

（7）使用 ◯（椭圆工具）在圆上绘制一个圆形路径，效果如图 5-101 所示。

图 5-101　绘制路径

（8）选择 ✎（画笔工具）在"画笔拾色器"中单击 ✦（弹出）按钮，在下拉菜单中选择"方头画笔"命令，效果如图 5-102 所示。

图 5-102　替换画笔

(9)按 F5 键打开"画笔"面板,其中的各项参数设置如图 5-103 所示。

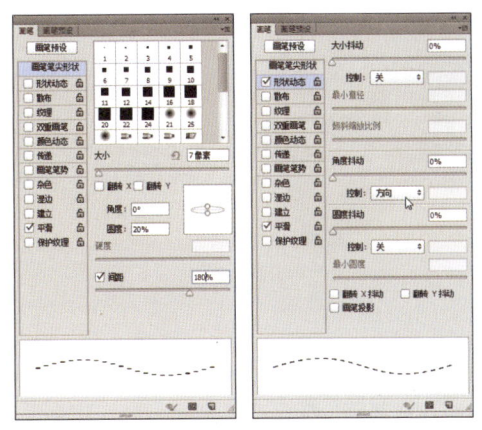

图 5-103　设置画笔

(10)新建一个图层并命名为"描边",单击"路径"面板中的 ○(用画笔描边路径)按钮,如图 5-104 所示。

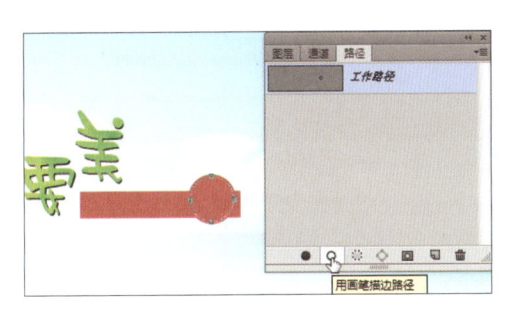

图 5-104　描边路径后

(11)按照文本右对齐的方式输入合适的文字,在不同的文本后面新建图层并绘制矩形和圆形作为修饰,效果如图 5-105 所示。

图 5-105　输入文字并绘制图形

（12）打开"海鸥"素材，将其拖曳到合适位置并调整大小，添加多只海鸥，自此本例制作完毕，效果如图 5-106 所示。

图 5-106　最终效果

提示　店铺有时会将首屏制作为轮播图效果，所以我们必须制作两个以上全屏广告，这样可以方便地制作轮播图，图 5-107 所示为另一张全屏广告的制作流程图，只要更换模特就可以得到多个效果，具体制作步骤大家可以查看本书配套资源中的视频。

图 5-107　全屏广告

5.5.2 标准 950 广告图制作

950 像素 ×600 像素的广告图我们可以在全屏广告的基础上进行裁剪，具体操作如下。

操作步骤

（1）打开制作好的全屏广告图，选择 (矩形选框工具)，在属性栏中设置"样式"为"固定大小"、"宽度"为 950 像素、"高度"为 600 像素，如图 5-108 所示。

图 5-108　设置选区属性

（2）使用 (矩形选框工具)在文档中单击，绘制一个 950 像素 ×600 像素的矩形选区，调整选区所在的位置，如图 5-109 所示。

图 5-109　绘制矩形选区

（3）执行菜单命令"图像/剪裁"，此时会将全屏广告按照标准 950 宽度的图片进行剪裁，效果如图 5-110 所示。

图 5-110　标准 950 广告图（1）

（4）另一张全屏广告图裁剪为标准 950 广告图后的效果如图 5-111 所示。

图 5-111　标准 950 广告图（2）

5.6　其他区域广告制作

除了通栏的自定义区域，淘宝网店还有将通栏分为两部分的自定义区域，宽度分别为 190 像素和 750 像素，此处可以插入设计的广告图或者设计好布局的陈列区内容，也是为店内的宝贝进行广告宣传。

5.6.1　750 广告图设计与制作

以围巾店铺作为装修对象，下面就为大家讲解 750 自定义广告的制作方法，如果想制作 750 自定义广告，就得将宽度限制在 750 像素以内，高度无限制。具体操作如下。

操作步骤

（1）启动 Photoshop，新建一个"宽度"为 750 像素、"高度"为 550 像素的空白文档，将前景色设置为"淡黄色"、背景色设置为"黄色"，使用 ■（渐变工具）在文档中间向外拖动，填充"从前景色到背景色"的"径向渐变"，此时背景如图 5-112 所示。

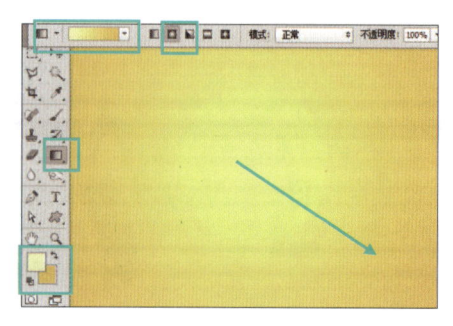

图 5-112　渐变背景

（2）新建图层1，使用 绘制路径后，按Ctrl+Enter组合键转换成选区填充"白色"，设置"不透明度"为32%，效果如图5-113所示。

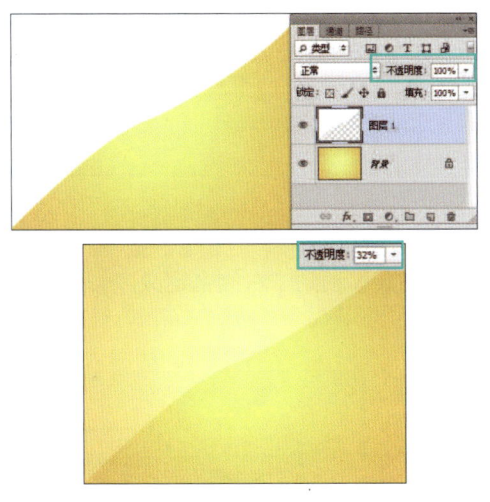

图5-113　移动

（3）打开之前制作的"店标"，执行菜单命令"编辑/定义画笔预设"，打开"画笔名称"对话框，如图5-114所示。

图5-114　定义画笔

（4）使用 在"画笔拾色器中"选择"围巾店标"笔触后，在文档中绘制白色画笔，设置"不透明度"为39%，效果如图5-115所示。

图5-115　绘制画笔

165

图 5-115　绘制画笔（续）

（5）打开"围巾"素材，将其移动到"右侧自定义广告设计"文档中，设置"混合模式"为"变暗"，效果如图 5-116 所示。

图 5-116　混合模式

（6）打开复制围巾所在的图层 3，得到图层 3 副本，执行菜单命令"编辑 / 变换 / 垂直翻转"，将图片翻转后，移动位置并设置"不透明度"，效果如图 5-117 所示。

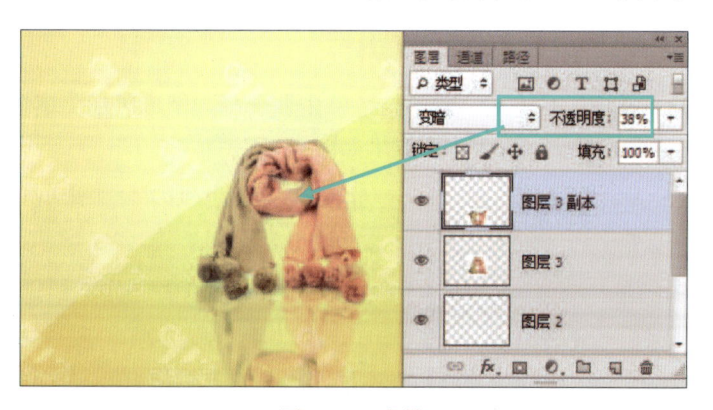

图 5-117　翻转

（7）设置文字字体和字号后，输入文字"限时尊抢 1 折起"，如图 5-118 所示。

第 5 章　提升店铺流量的视觉图

图 5-118　输入文字

（8）为输入的文字添加"投影""渐变叠加""外发光"效果，参数设置如图 5-119 所示。

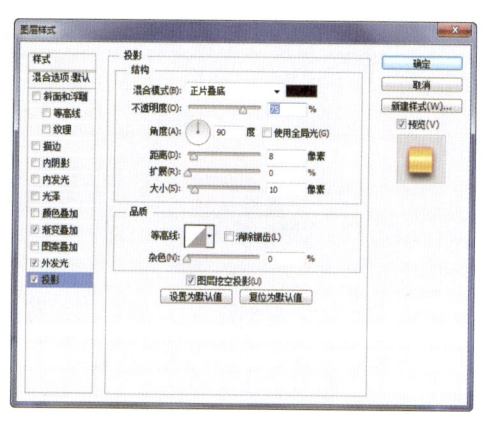

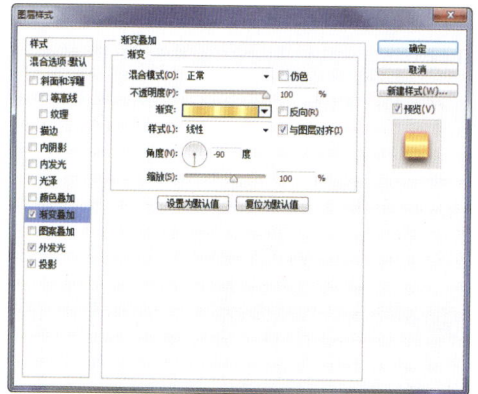

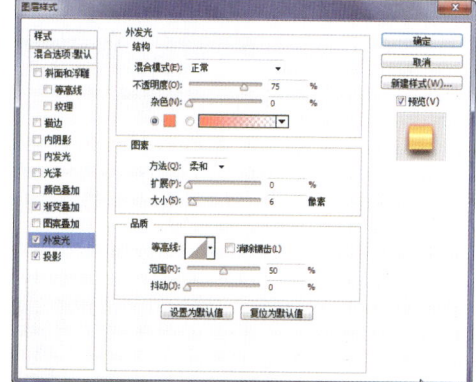

图 5-119　图层样式

（9）设置完毕后单击"确定"按钮，效果如图 5-120 所示。

167

图 5-120　添加图层样式

（10）再输入其他文字，并添加与之对应的图层样式，效果如图 5-121 所示。

图 5-121　输入文字并添加图层样式

（11）在"立即购买"下面绘制一个圆角矩形，在文件底部绘制一个紫色矩形，调整不透明度并输入文字，完成本例的制作，效果如图 5-122 所示。

图 5-122　最终效果

5.6.2　190 广告图设计与制作

以围巾店铺作为装修对象，下面就为大家讲解一下 190 自定义广告的制作方法，该广告图可以放置到左侧或右侧，我们就得将宽度限制在 190 像素以内，高度无限制。具体操作如下。

操作步骤

（1）启动 Photoshop，新建一个"宽度"为 190 像素、"高度"为 550 像素的空白文档，将背景填充为紫色。打开两张男士围巾的图片，将图片移入新建文档中并调整位置，如图 5-123 所示。

图 5-123　移入素材

（2）新建图层 3，绘制一个橘色矩形，为图层添加一个蒙版，使用 （渐变工具）从上向下填充由白色到黑色的线性渐变，设置"不透明度"为 48%，效果如图 5-124 所示。

图 5-124　移入素材

（3）新建图层4，绘制一个黄色矩形和椭圆形，将选区向下移动删除选区内容，效果如图 5-125 所示。

（4）复制图片并合并图层后，再次复制图片，效果如图 5-126 所示。

图 5-125　绘制修饰图片　　　　　　　　　　　图 5-126　修饰图片

（5）输入文字，添加与之对应的图层样式，效果如图 5-127 所示。

（6）在"精品男士围巾"左右绘制两个箭头符号，至此本例制作完毕，效果如图 5-128 所示。

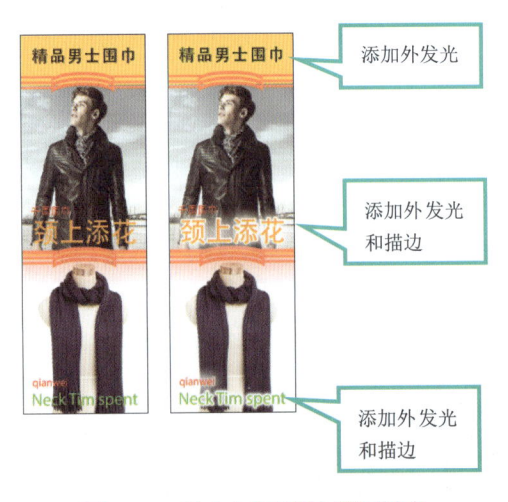

图 5-127　输入文字并添加图层样式　　　　　　图 5-128　最终效果

5.6.3　图片陈列设计与制作

在设计淘宝店铺首页的各个元素时，除了店招、广告图，大多数的店铺都会在首页添加一个图片陈列区。陈列区可以放在第二屏或第三屏，宽度可以是标准通栏的 950 像素，也可以在水平分开区域中的 750 像素中进行摆放。

商品图片的布局会直接影响店铺的美观，可以定义店铺的风格，许多店铺都是使用陈列图来吸引买家目光的。在具体的装修过程中，可以使用的陈列区布局主要可以分为水平、垂直和任意三种，如图 5-129 所示。

图 5-129　陈列区布局图

下面以围巾店铺作为装修对象，为大家讲解宽度为 950 像素，高度无限制的图片陈列设计与制作，具体操作如下。

操作步骤

（1）启动 Photoshop，新建一个"宽度"为 950 像素、"高度"为 400 像素的空白文档，打开本书配套资源中的"001""002""003""004""005"素材，将素材分别拖曳到新建文档中，如图 5-130 所示。

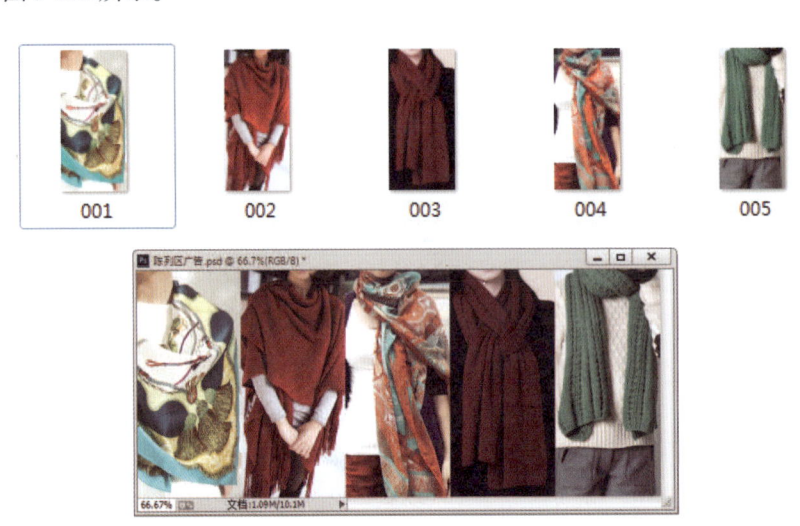

图 5-130　移入素材并调整大小

（2）新建图层，绘制一个 190 像素 ×400 像素的橘色矩形，复制 4 个副本并将其拖曳到其他围巾所在的位置，调整"不透明度"为 60%，效果如图 5-131 所示。

图 5-131　绘制矩形并调整不透明度

第 5 章　提升店铺流量的视觉图

（3）使用 T （横排文字工具）输入文字，效果如图 5-132 所示。

图 5-132　输入文字

（4）选择最左边的文字，执行菜单命令"图层/图层样式/描边（或外发光）"，分别进行"描边"和"外发光"的设置，参数值设置如图 5-133 所示。

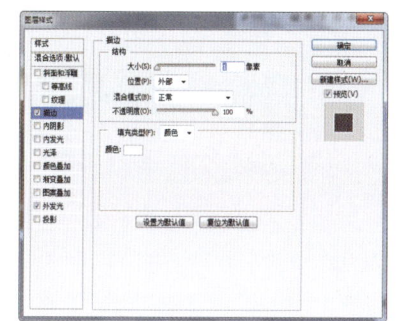

图 5-133　图层样式

（5）设置完毕后单击"确定"按钮，设置"填充"为 23%，效果如图 5-134 所示。

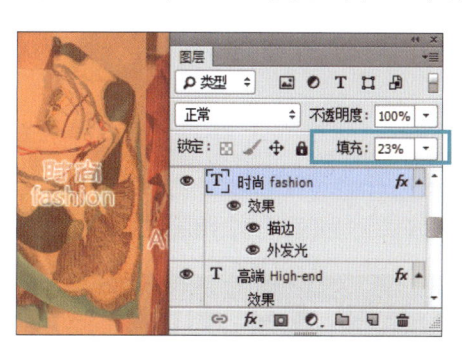

图 5-134　添加图层样式并设置填充

（6）使用同样的方法制作其他效果，将中间的橘色矩形隐藏，完成本例的制作，效果如图 5-135 所示。

173

图 5-135　最终效果

（7）还可以通过将宽度设置为 750 像素，把图片进行分块的方式来制作一个陈列区图片设计，效果如图 5-136 所示。

图 5-136　效果

5.6.4　项目区图片设计与制作

下面以户外商品店铺作为装修对象，为大家讲解宽度为 950 像素，高度无限制的项目区图片的设计与制作，具体操作如下。

操作步骤

（1）启动 Photoshop，新建一个"宽度"为 950 像素、"高度"为 150 像素的空白文档，使用 T.（横排文字工具）输入文字，如图 5-137 所示。

图 5-137　输入文字

第 5 章　提升店铺流量的视觉图

（2）执行菜单命令"图层 / 图层样式 / 描边（或外发光）"，分别设置"描边"和"外发光"选项，参数值设置如图 5-138 所示。

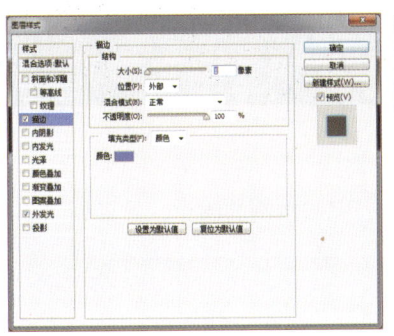

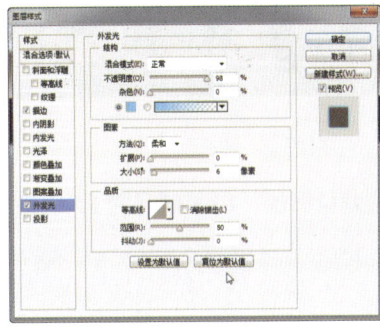

图 5-138　图层样式

（3）设置完毕后单击"确定"按钮，在"图层"面板中设置"填充"为 39%，效果如图 5-139 所示。

图 5-139　添加图层样式

（4）新建一个图层，使用 （画笔工具）在"画笔拾色器"中选择"羽毛"画笔，如图 5-140 所示。

图 5-140　选择画笔

175

（5）使用 ![画笔] （画笔工具）在文字左右绘制青色花纹，效果如图 5-141 所示。

图 5-141　绘制花纹

（6）隐藏背景图层，将其储存为 PNG 格式，完成本例的制作，效果如图 5-142 所示。

图 5-142　最终效果

（7）使用同样的方法再制作一个其他的项目区图片，效果如图 5-143 所示。

图 5-143　项目区

5.7　宝贝分类设计

在网店中，如果上传的宝贝过多，那么查看起来就会非常麻烦，此时如果将相同类型的宝贝进行归类，将宝贝放置到与之对应的分类中，查找会变得十分轻松。网店中的宝贝分类就是为了让买家以最便捷的方式找到想买的物品，我们可以按照网店的整体色调对宝贝分类进行设计，好的宝贝分类可以让买家一目了然。

5.7.1　宝贝分类的设计原则

宝贝分类在网店中主要起导引作用，让买家可以在众多宝贝中快速查找到需要的商品。宝贝分类在设计制作时大多会放置在页面左侧或通栏。

在制作宝贝分类时最好秉承以下几个要点。

要点一：宝贝分类的名称，告诉买家正确的商品信息。

要点二：颜色，最好与店铺的风格颜色保持一致。

要点三：尺寸，如果放置在宽度为 190 像素的布局中，宝贝分类宽度最好设置在 160 像素以内。因为在添加宝贝分类时，左右两端需要留出空白，如果宽度超出范围，系统会自动对其进行裁剪，这样就看不到完整的宝贝分类图片了。

要点四：不要太绚丽，如果宝贝分类的图片视觉效果超过广告或商品本身图片的吸引力，就得不偿失了。

5.7.2 宝贝分类图片设计与制作

下面就以围巾的店铺作为装修对象，为大家讲解宝贝分类的制作方法，具体操作如下。

操作步骤

（1）启动 Photoshop，新建一个"宽度"为 150 像素、"高度"为 50 像素的空白文档，如图 5-144 所示。

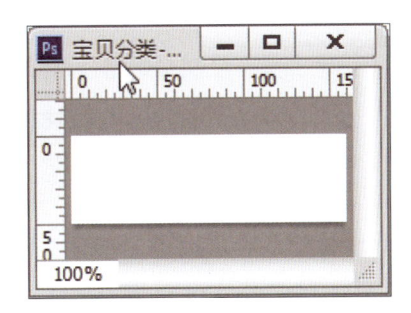

图 5-144　新建文档

（2）新建图层 1，选择 ▢（圆角矩形工具）设置"工具模式"为"像素"、"半径"为 5 像素、前景色为黄色（R：241、G：189、B：19），在文档中绘制黄色圆角矩形，如图 5-145 所示。

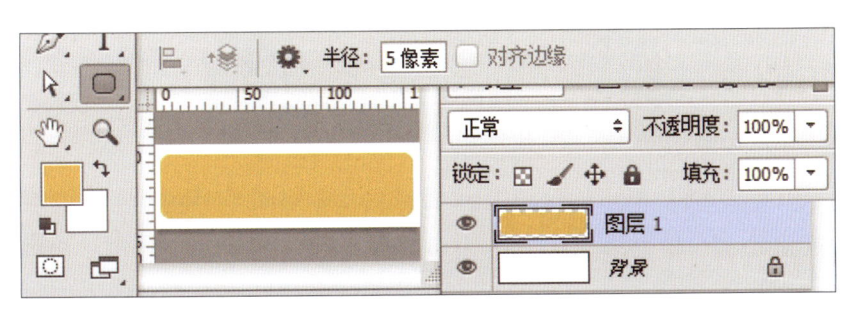

图 5-145　绘制圆角矩形

(3)执行菜单命令"图层/图层样式/描边(或投影)",分别设置"描边"和"投影"选项,参数值设置如图 5-146 所示。

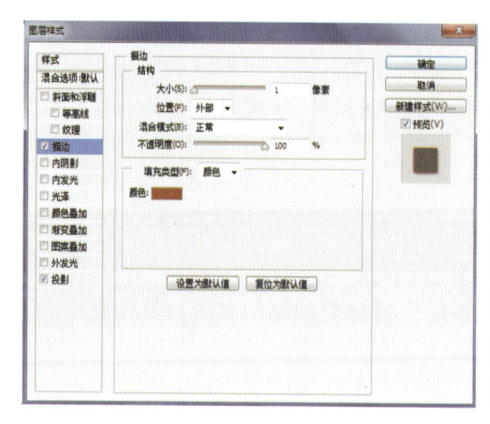

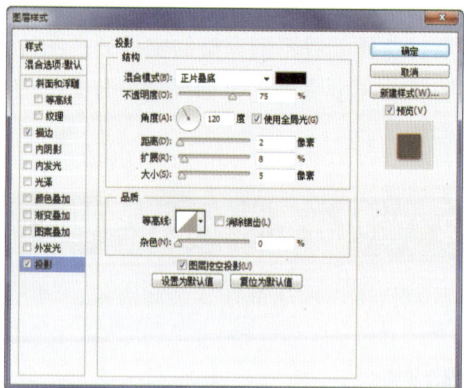

图 5-146　设置图层样式

(4)设置完毕后单击"确定"按钮,效果如图 5-147 所示。

(5)新建图层 2,使用 （钢笔工具）绘制封闭路径,如图 5-148 所示。

图 5-147　添加图层样式

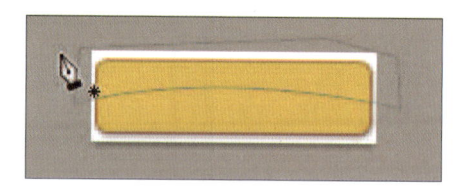

图 5-148　绘制路径

(6)按 Ctrl+Enter 组合键将路径转换为选区,使用 （渐变工具）从上向下填充由黄色到淡黄色的渐变色,如图 5-149 所示。

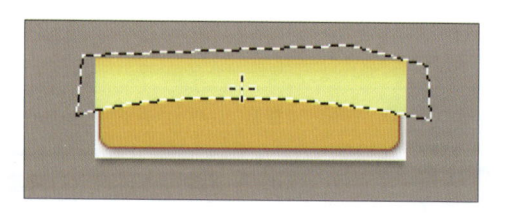

图 5-149　填充

(7)按 Ctrl+D 组合键去掉选区,执行菜单命令"图层/创建剪贴蒙版",得到如图 5-150 所示的效果。

第 5 章　提升店铺流量的视觉图

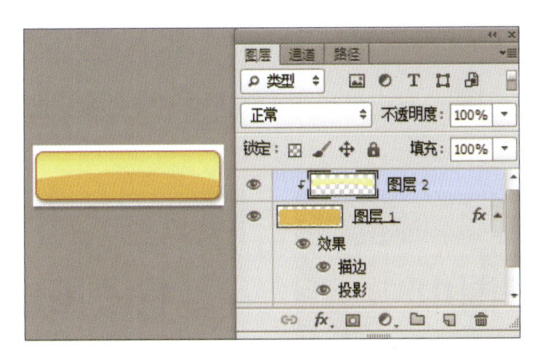

图 5-150　剪贴蒙版

（8）执行菜单命令"图层 / 图层样式 / 投影"，设置"投影"选项，参数值设置如图 5-151 所示。

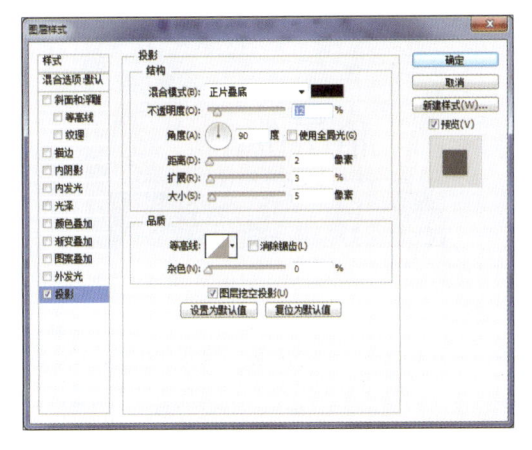

图 5-151　"投影"选项

（9）设置完毕后单击"确定"按钮，设置"不透明度"为 31%，效果如图 5-152 所示。

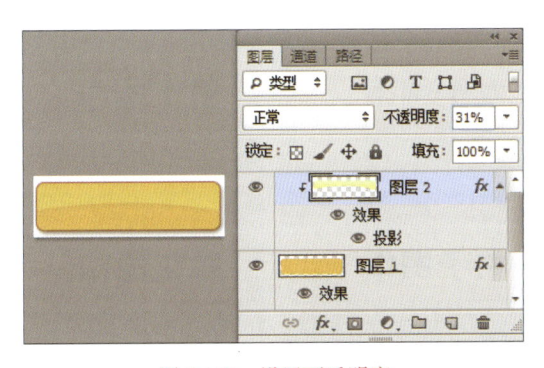

图 5-152　设置不透明度

179

（10）在按钮上输入文字，如图 5-153 所示。

（11）新建图层，使用 ![icon]（自定义形状工具）绘制黄色箭头图案，为其添加"描边"图层样式，效果如图 5-154 所示。

图 5-153　输入文字　　　　　　图 5-154　绘制形状

（12）复制箭头并将其缩小，完成一个分类按钮的制作，效果如图 5-155 所示。

图 5-155　分类按钮

（13）使用同样的方法制作出其他分类按钮，效果如图 5-156 所示。

图 5-156　其他分类按钮

5.7.3 子宝贝分类设计

下面就以围巾店铺作为装修对象，为大家讲解子宝贝分类的制作方法，具体操作如下。

操作步骤

（1）启动 Photoshop，新建一个"宽度"为 150 像素、"高度"为 35 像素的空白文档，如图 5-157 所示。

（2）新建图层 1，选择 ▢（圆角矩形工具）设置"工具模式"为"像素"、"半径"为 5 像素、前景色为绿色，在文档中绘制绿色圆角矩形，如图 5-158 所示。

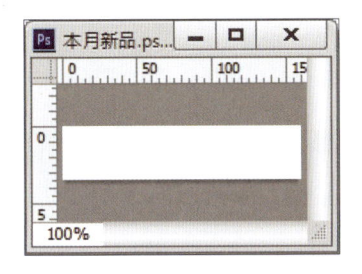

图 5-157　新建文档　　　　图 5-158　绘制圆角矩形

（3）执行菜单命令"图层/图层样式/描边（或投影）"，分别设置"描边"和"投影"选项，参数值设置如图 5-159 所示。

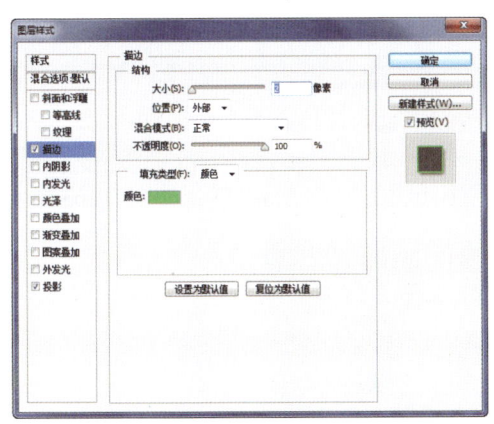

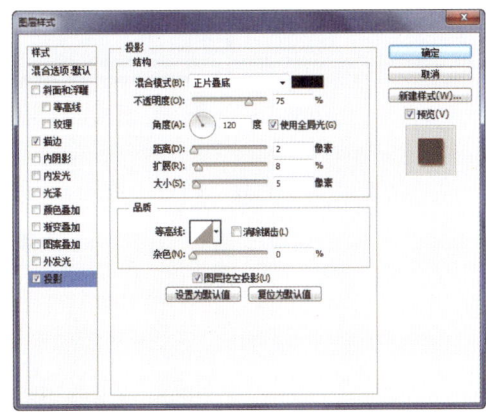

图 5-159　设置图层样式

（4）设置完毕后单击"确定"按钮，效果如图 5-160 所示。

（5）新建图层 2，使用 ✎（钢笔工具）绘制封闭路径，按 Ctrl+Enter 组合键将路径转换为选区，使用 ▭（渐变工具）从上向下填充由黄色到淡黄色的渐变色，执行菜单命令"图层/创建剪贴蒙版"，得到如图 5-161 所示的效果。

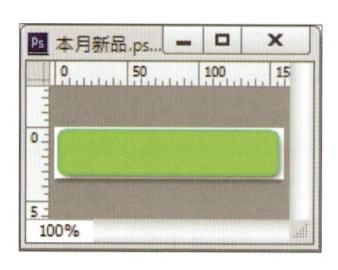

图 5-160　添加图层样式

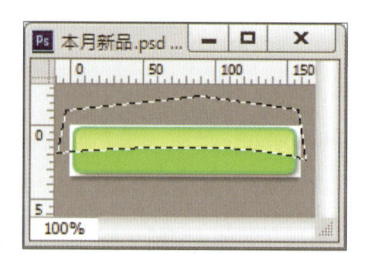

图 5-161　填充

（6）去掉选区，执行菜单命令"图层/图层样式/投影"，设置"投影"选项，参数值设置如图 5-162 所示。

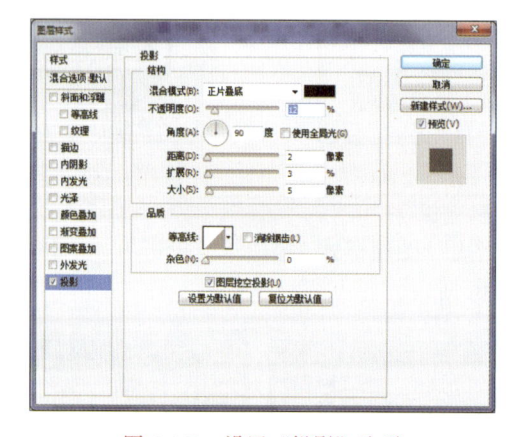

图 5-162　设置"投影"选项

（7）设置完毕后单击"确定"按钮，设置"不透明度"为 31%，效果如图 5-163 所示。

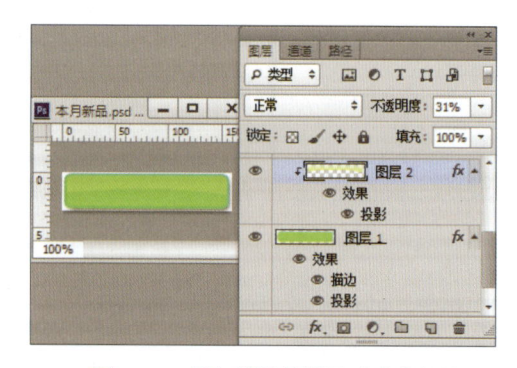

图 5-163　添加投影并设置不透明度

（8）在按钮上输入文字并绘制箭头，完成本例的制作，使用同样的方法制作其他的子宝贝分类，如图 5-164 所示。

图 5-164　子宝贝分类

5.8　店铺收藏与客服制作

在淘宝网店中，之所以会添加醒目的店铺收藏与客服，主要有几个原因：一是淘宝系统的收藏按钮过小，不利于引起买家注意；二是店铺的收藏人气会影响店铺的排名；三是好的客服使买家对店铺更加信任。

5.8.1　店铺收藏图片设计与制作

既然店铺收藏设置的意义在于引起买家的注意，吸引更多的人自愿收藏店铺，所以在设计与制作时首先要做到醒目，其次才考虑其他事项。

下面就以户外店铺作为装修对象，为大家讲解一下店铺收藏的制作方法，具体操作如下。

操作步骤

（1）启动 Photoshop，新建一个"宽度"为 190 像素、"高度"为 110 像素的空白文档。

（2）打开一张围巾 04 素材并将其移动到店铺收藏文档中，调整大小与位置，如图 5-165 所示。

图 5-165　移入素材

183

(3)按回车键确定后，使用 T （横排文字工具）在文档的左侧偏下位置输入不同颜色的文字，如图 5-166 所示。

图 5-166　输入文字

(4)执行菜单命令"图层/图层样式/描边（或外发光）"，分别设置"描边"和"外发光"选项，参数值设置如图 5-167 所示。

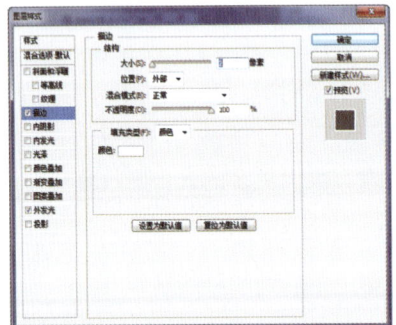

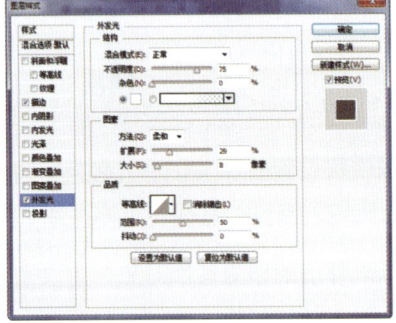

图 5-167　设置图层样式

(5)设置完毕后单击"确定"按钮，至此本例制作完毕，效果如图 5-168 所示。

图 5-168　效果图

5.8.2　客服图片设计与制作

对淘宝店铺的销量有影响的除了商品本身，服务同样占有重要地位，只有服务上去了，顾

第 5 章　提升店铺流量的视觉图

客才会再次光顾你的店铺，一张好的联系方式图片，会给买家留下非常认真负责的印象。

下面就以户外店铺作为装修对象，为大家讲解客服图片的制作方法，具体操作如下。

提示　客服的应用需在淘宝后台调用代码，大家可以参考第 7 章的内容。

操作步骤

（1）启动 Photoshop，新建一个"宽度"为 190 像素、"高度"为 110 像素的空白文档，将前景色设置为"青色"、背景色设置为"淡青色"，使用 （渐变工具）从文档上面向下拖动，填充"从前景色到背景色"的"线性渐变"，此时背景如图 5-169 所示。

（2）打开本书配套资源中的"箭头"素材，并将其移动到新建文档中，如图 5-170 所示。

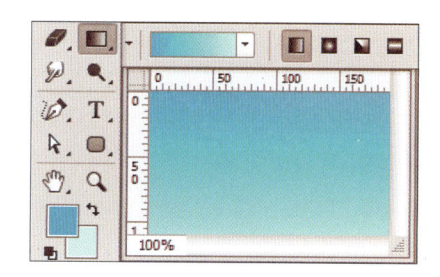

图 5-169　新建文档并填充渐变　　　　图 5-170　移入素材

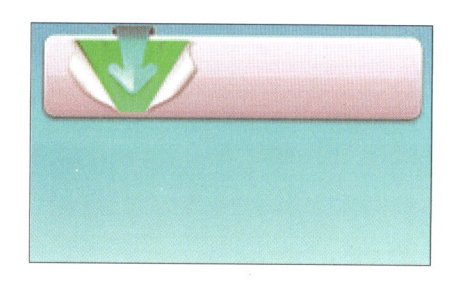

（3）使用 （横排文字工具）选择比较正式一点的文字字体，在文档中相应位置输入文字，如图 5-171 所示。

图 5-171　输入文字

（4）执行菜单命令"图层/图层样式/渐变叠加（或投影）"，分别设置"渐变叠加"和"投影"选项，参数值设置如图 5-172 所示。

185

图 5-172　图层样式

（5）设置完毕后单击"确定"按钮，至此本例制作完毕，效果如图 5-173 所示。

图 5-173　最终效果

5.9　店铺公告模板设计与制作

在淘宝上做生意竞争是非常激烈的，让买家主动掏钱买商品是每个卖家的共同心愿，为了增加销量，店主会想出很多促销方案，以激发买家的购买欲望。

如何才能让买家浏览网店时知道本店的促销活动呢？最好的方式就是宣传。宣传的花样很多，一种是直接在右侧自定义区域输入文字，优点是内容醒目、直接。缺点是将整个店铺的装修毁于一旦。另一种是直接将促销文字与图片相结合，以图片的方式出现在自定义区域中，优点是可以兼顾网店的装修设计，缺点是更换图片不是很便利。再有一种就是以公告文字的形式动态地出现在自定义区域中，优点是直观、醒目、内容替换方便。但是最直观的莫过于店铺公告了，在公告里可以让买家直接了解本店的促销活动等内容。

5.9.1　750 店铺公告模板设计

下面就以户外店铺作为装修对象，为大家讲解一下 750 店铺公告模板的制作方法，具体操作如下。

第 5 章　提升店铺流量的视觉图

操作步骤

（1）启动 Photoshop，新建一个"宽度"为 750 像素、"高度"为 45 像素的空白文档。

（2）将前景色设置为"橘色"（颜色可以按照店铺的风格自行设定），按 Alt+Delete 组合键为背景填充前景色，如图 5-174 所示。

图 5-174　填充前景色

（3）选择 ▢（圆角矩形工具），在属性栏中设置"填充"为"白色"、"描边"为"无"、"半径"为 5 像素，在文档中绘制圆角矩形，如图 5-175 所示。

图 5-175　绘制圆角矩形

（4）执行菜单命令"图层/图层样式/内阴影"，设置"内阴影"选项，参数值设置如图 5-176 所示。

图 5-176　设置"内阴影"选项

（5）设置完毕后单击"确定"按钮，效果如图 5-177 所示。

187

图 5-177　添加内阴影

（6）在公告的左侧选择与之对应的文字字体后，输入黑色文字"店铺公告"，效果如图 5-178 所示。

图 5-178　输入文字

（7）选择 （自定义形状工具）在"形状拾色器"中选择"音量"，如图 5-179 所示。

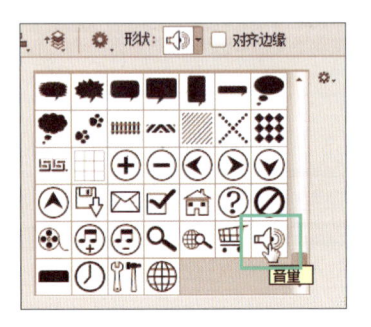

图 5-179　选择形状

（8）使用 （自定义形状工具）绘制选择的形状，至此本例制作完毕，效果如图 5-180 所示。

图 5-180　最终效果

5.9.2　750 店铺公告动态模板设计

下面就以围巾店铺作为装修对象，为大家讲解一下右侧店铺公告动态模板的制作方法，具体操作如下。

操作步骤

（1）打开之前制作的"750 店铺公告模板设计"psd 文档，执行菜单命令"窗口/时间轴"，打开"时间轴"面板，如图 5-181 所示。

（2）在"图层"面板中选择形状1，如图5-182所示。

图5-181　时间轴

图5-182　"图层"面板

（3）在"时间轴"面板中单击"复制所选帧"按钮，得到第二帧，如图5-183所示。

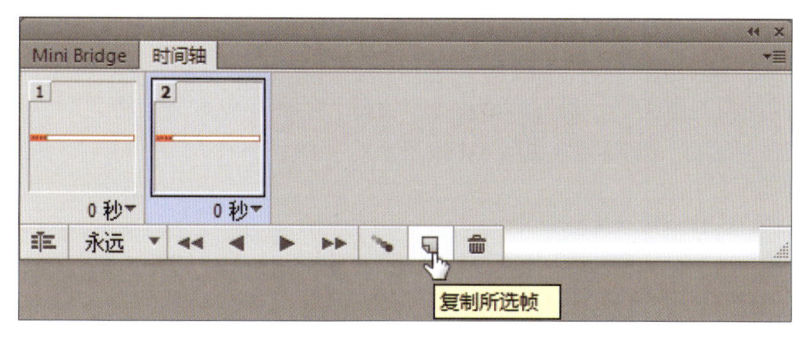

图5-183　"时间轴"面板

（4）选择第二帧，在"图层"面板中将形状1隐藏，如图5-184所示。

图5-184　隐藏

189

（5）在"时间轴"面板中将"选择延迟帧时间"设置为 0.2 秒，如图 5-185 所示。

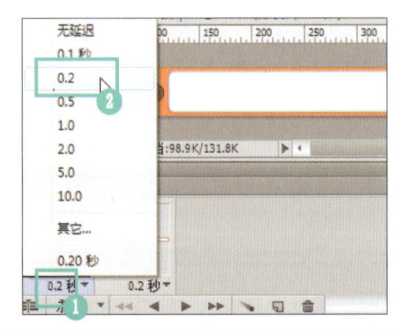

图 5-185　设置时间

（6）此时动画制作完毕，执行菜单命令"文件 / 存储为 Web 所用格式"，打开"存储为 Web 所用格式"对话框，设置参数如图 5-186 所示。

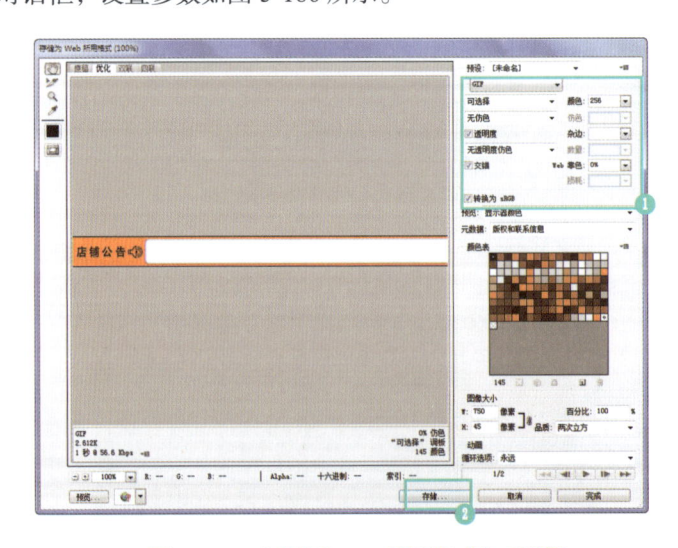

图 5-186　"存储为 Web 所用格式"对话框

（7）设置完毕后单击"存储"按钮，弹出"将优化结果存储为"对话框，选择存储路径并设置名称，如图 5-187 所示。

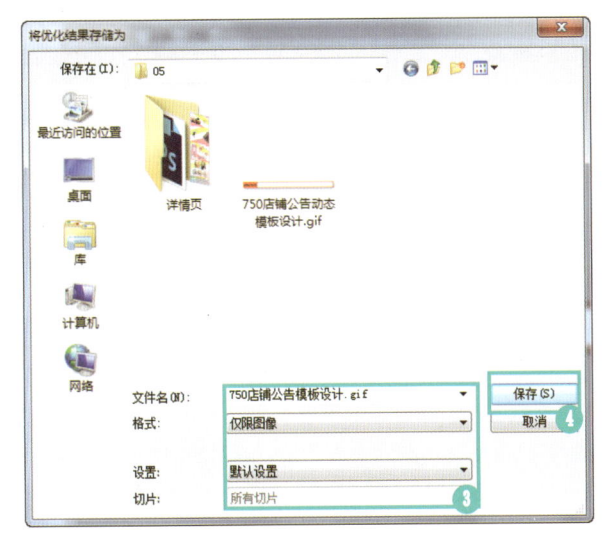

图 5-187　"将优化结果存储为"对话框

（8）设置完毕后单击"保存"按钮，此时"750店铺公告动态模板设计"制作完毕，预览效果如图5-188所示。

图 5-188　预览效果

5.10　详情页

在淘宝网上有很多相同或类似的商品，如何让消费者选择你而非别家？想要提升购买转化率及培养用户黏性，让消费者下定决心在你的店铺购买，收藏并且下次再来？这一系列的触动都需要你的宝贝详情页面去传达和渲染，也是吸引和促使消费者到达购买区域的落实点。宝贝详情页直接决定着成交与否，不能太简单也不能太繁杂。

本节主要为大家介绍淘宝网店商品详情页的设计与制作，制作之前先要有一个具体的制作思路，再在此基础上进行详细划分。

191

5.10.1 详情页的设计思路及操作流程

很多新手美工以为做详情页就是简单地摆放几张商品图,并添加一些参数表等。其实做详情页说简单也简单,说难也难,难就难在怎么帮助店主将商品卖出去。帮助商家提升销量,打造一张优秀的详情页,大概要用60%的时间去调查构思,确定方向,用40%的时间去设计优化。

一个好的网店美工,不仅要美化图片,合成效果图,还要参与到运用当中,将商品的真正描述详情做到图片中,掌握详情页的作用,放大商品的卖点,这些都需要美工来完成。

详情页的设计思路及操作流程如表5-1所示。

表 5-1

宝贝详情页的作用	宝贝详情页是提高转化率的入口,激发顾客的消费欲望,树立顾客对店铺的信任感,打消顾客的消费疑虑,促使顾客下单。优化宝贝详情页可以提升转化率,但是起决定作用的还是商品本身
设计详情页的前提	宝贝详情页要与宝贝主图、宝贝标题契合,宝贝详情页必须真实地介绍宝贝的属性。假如标题或主图里写的是韩版女装,但是详情页却是欧美风格,顾客一看不是自己想要的商品肯定会马上关闭页面
设计前的市场调查	设计宝贝详情页之前要充分进行市场调查,既要进行同行业调查,规避同款,也要做好消费者调查,分析消费人群和消费能力、喜好,以及所在意的问题等
调查结果及商品分析	根据市场调查结果及自己的商品进行系统的分析总结。罗列出消费者所在意的问题、同行的优缺点,以及自身商品的定位,挖掘自身与众不同的卖点
宝贝定位	根据店铺宝贝及市场调查确定本店的消费群体。 举个例子:去饭馆吃饭,有的小饭馆人均消费15元,卖的就是价格;稍微大一点的饭店人均消费50元,卖的是性价比;有的大酒店人均消费300元,卖的就是服务;还有的主题饭店卖的是情结等
关于挖掘宝贝卖点	针对消费群体挖掘宝贝卖点。 案例:一家卖键盘膜的店铺发现评论里中差评很多,大多是抱怨键盘膜太薄。一般的掌柜可能下次直接进厚一点的键盘膜。而这家掌柜则直接把描述里的卖点改为"史上最薄的键盘膜"。结果出乎意料,评分直线上升,评论里都是关于键盘膜真的很薄之类的评语,直接引导并改变了消费者的心理期望,达到了非常良好的效果。 宝贝卖点有很多,比如:卖价格、卖款式、卖文化、卖感觉、卖服务、卖特色、卖品质、卖人气等
开始准备设计元素	根据对消费者的分析及自身商品卖点的提炼,再结合宝贝风格的定位,开始准备所用的设计素材、详情页所用的文案,以及确立宝贝详情页的用色、字体、排版等。还要烘托出符合宝贝特性的氛围,例如羽绒服的背景可以采用冬天的冰山效果。 要确立的六大元素有配色、字体、文案、构图、排版、氛围

> **提示**
>
> 问：如何进行调查？
>
> 答：通过淘宝指数（shu.taobao.com）可以清楚地查到消费者的喜好、消费能力、地域等数据。学会利用这些数据对优化详情页很有帮助，还可以通过"生 E 经"等付费软件进行一些分析。
>
> 问：如何了解消费者最在意的问题？
>
> 答：可以去宝贝评价里面找，在买家评论里可以挖掘出很多有价值的东西，了解买家的需求及购买后遇到的问题等。

5.10.2 详情页的格局

详情页是由各个部分组成的，从上向下依次为主图区、左侧区、右侧区，如图 5-189 所示。

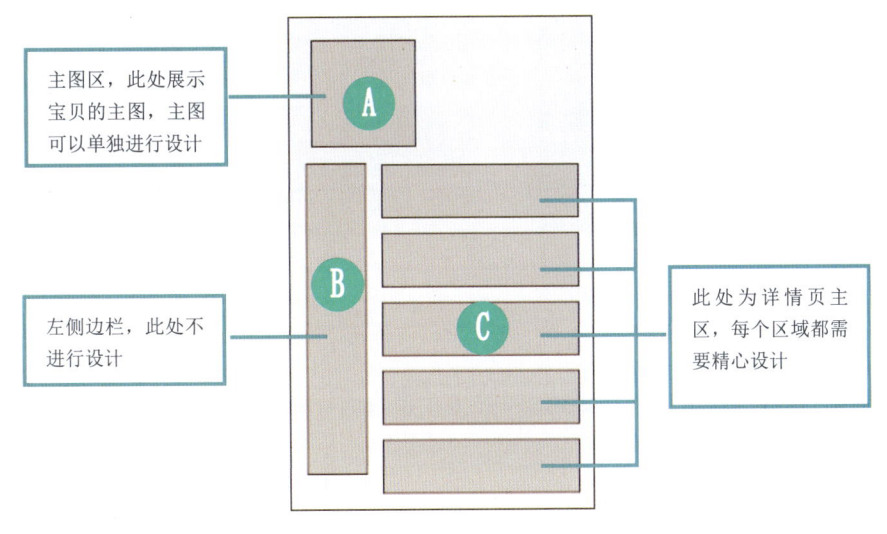

图 5-189　详情页组成

详情页中的 C 区是可以自由设计的位置，从上向下依次为广告、卖点、细节图等，商品价值＋消费信任＝下单，详情页上半部分诉说商品价值，后半部分培养顾客的消费信任感。消费信任感不仅通过各种证书、品牌认证的图片来树立，使用正确的颜色、字体、排版结构，这些对赢得顾客消费信任感都会起到重要作用。详情页每一块组成都有它的价值，都要经过仔细的推敲和设计。

5.10.3 详情页的设计与制作

本节以户外店铺作为详情页装修目标，在设计时要先对格局框架进行布局，将风格定位、配色方案等进行设置，对需要的素材进行详细处理，最后进行详情页的制作。

在设计详情页之前，一定要先对整体的设计效果起草一个框架，这样在设计时就不会盲目、无从下手。下面按照构成原则及实体店的购买流程，首先设计商品的广告图来吸引买家；然后展示商品本身的细节，让买家了解具体的卖点信息；最后是对商品与配套商品的组合推荐。根据以上分析，我们可以大致规划出本案例的详情页的结构框架，如图 5-190 所示。

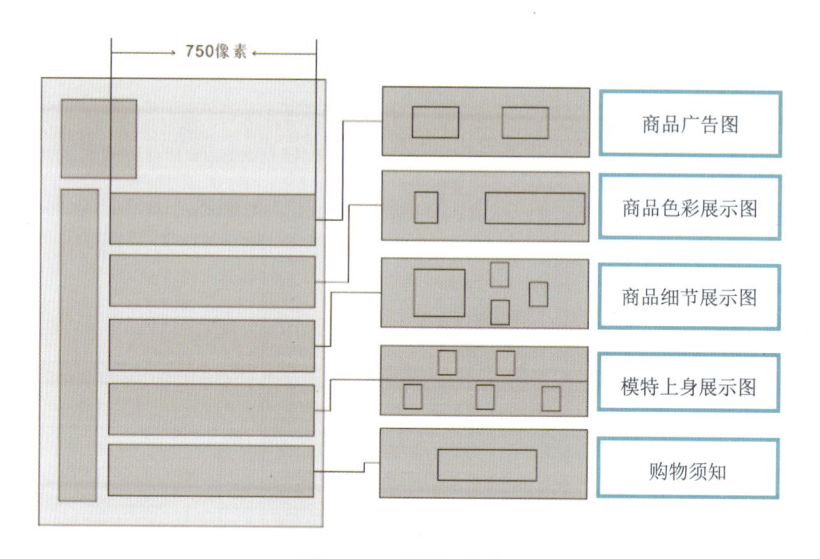

图 5-190　详情页框架

由于篇幅有限，这里我们按照详情页中的 5 个模块进行制作，布局各个元素区的制作方法，具体操作如下。

广告区

操作步骤

（1）启动 Photoshop，新建一个"宽度"为 750 像素、"高度"为 422 像素的空白文档。

（2）使用 ▭（矩形工具）在页面中分别绘制黄色矩形和粉色矩形，之后将其进行旋转并调整位置。为了操作方便，将两个矩形编到一组中，为矩形添加一个"内阴影"图层样式，背景如图 5-191 所示。

第 5 章　提升店铺流量的视觉图

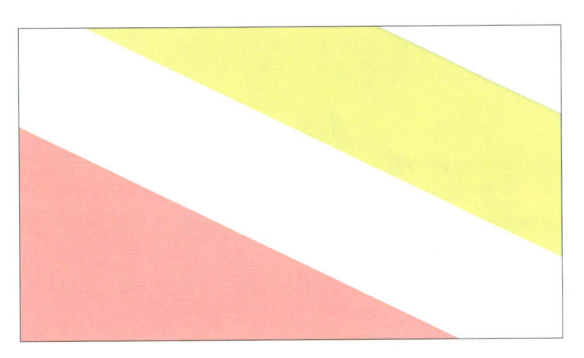

图 5-191　绘制矩形

（3）打开本书配套资源中的"多个围巾"素材，将其拖曳到文档，设置"混合模式"为"线性加深"，此时发现混合后图片显示不是太好。复制围巾所在图层，单击"添加图层蒙版"按钮 ，添加一个空白蒙版，使用 （画笔工具）在蒙版上涂抹黑色，效果如图 5-192 所示。

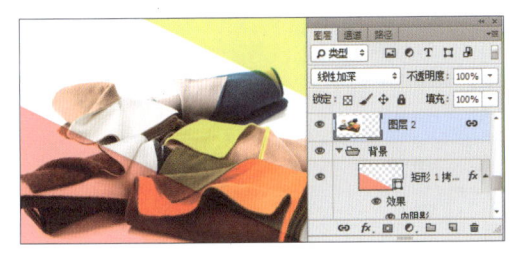

图 5-192　编辑蒙版

（4）新建图层，使用 （多边形工具）绘制一个三角形路径，选择 （画笔工具）后设置"画笔大小"为 2，在"路径"面板中单击 （用画笔描边路径）按钮，为路径进行描边，效果如图 5-193 所示。

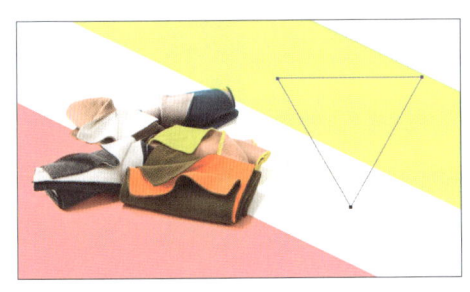

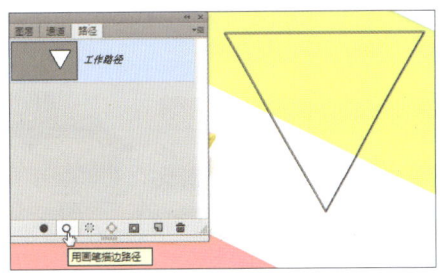

图 5-193　描边路径

（5）使用 （橡皮擦工具）水平擦除三角形的部分边缘，在三角形内输入合适的文字，效果如图 5-194 所示。

195

图 5-194　擦除多余像素并输入文字

（6）使用 ◯（椭圆选框工具）绘制羽化为 10 的选区，将选区填充为"黑色"，调整"不透明度"为 29%，效果如图 5-195 所示。

图 5-195　调整

（7）新建图层，绘制一个粉红色圆角矩形，在上面输入文字"千围围巾"，在底部中间位置绘制白色圆角矩形，调整不透明效果，至此广告区制作完毕，效果如图 5-196 所示。

图 5-196　广告区

色彩展示区

操作步骤

（1）启动 Photoshop，新建一个"宽度"为 750 像素、"高度"为 600 像素的空白文档，用与制作广告区时相同的方法制作背景。

（2）打开本书配套资源素材"围巾 05"，将其拖曳到"色彩展示"文档中，调整"不透明度"为"18%"、"混合模式"为"变暗"，为图层创建剪贴蒙版，如图 5-197 所示。

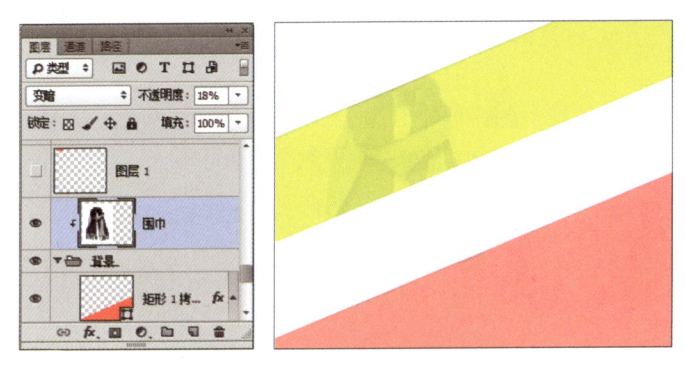

图 5-197　剪贴蒙版

（3）打开本书配套资源"叠好围巾"素材，将其拖曳到文档，设置"混合模式"为"线性加深"，此时发现混合后图片显示不是太好。复制围巾所在图层，单击"添加图层蒙版"按钮，添加一个空白蒙版，使用（画笔工具）在蒙版上涂抹黑色，再为图层添加一个"投影"图层样式，效果如图 5-198 所示。

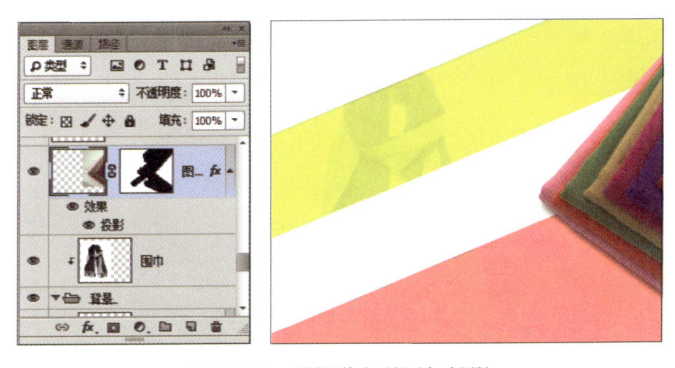

图 5-198　编辑蒙版并添加投影

（4）新建图层，使用（直线工具）绘制直线，使用（自定义形状工具）绘制圆环，并在圆环边缘输入文字，效果如图 5-199 所示。

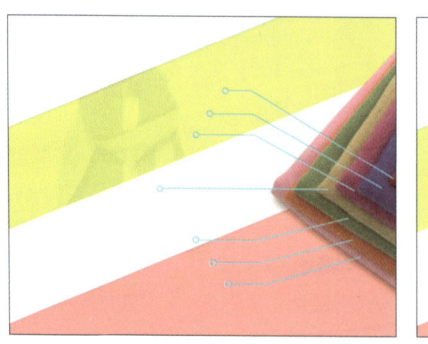

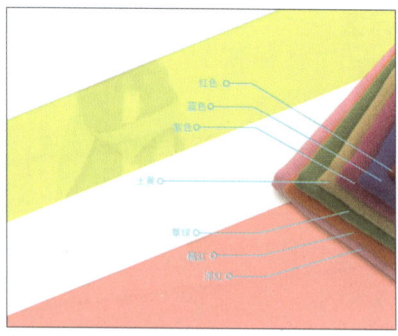

图 5-199　绘制形状并输入文字

（5）使用 ◯（椭圆工具）绘制不同大小的圆，调整为不同颜色，设置"轮廓"为"青色"，并使用 ╱（直线工具）绘制一条青色直线，效果如图 5-200 所示。

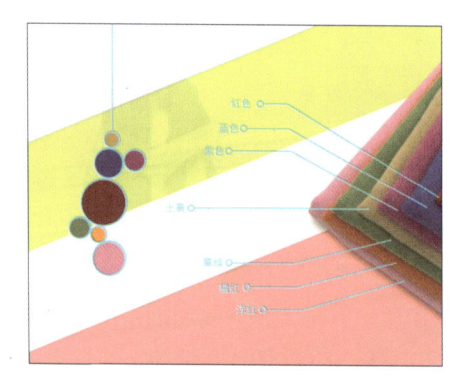

图 5-200　绘制形状

（6）新建图层，绘制一个粉红色圆角矩形，在上面输入文字"色彩展示"，在底部中间位置绘制白色圆角矩形，调整不透明效果，至此色彩展示区制作完毕，效果如图 5-201 所示。

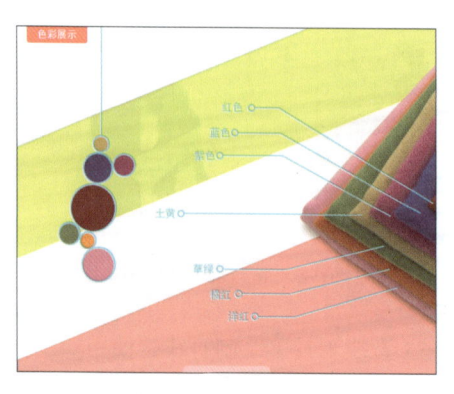

图 5-201　色彩展示区

细节展示区

操作步骤

（1）启动 Photoshop，新建一个"宽度"为 750 像素、"高度"为 600 像素的空白文档，用与制作广告区相同的方法制作背景。

（2）打开本书配套资源中的素材"围巾 02"，使用 (钢笔工具)创建路径，按 Ctrl+Enter 组合键将路径转换为选区，将选区内的图片拖曳到"细节展示"文档中，如图 5-202 所示。

图 5-202　剪贴蒙版

（3）使用 (背景橡皮擦工具)在围巾摆穗处取样背景色，在摆穗处涂抹去掉多余的背景色，效果如图 5-203 所示。

图 5-203　擦除背景色

（4）使用 (椭圆选框工具)绘制一个圆形选区，回到"围巾 02"素材内，按 Ctrl+A 组合键调出整个图片选区，按 Ctrl+C 组合键进行拷贝。回到"细节展示"文档中，执行菜单命令"编辑 / 选择性粘贴 / 贴入"，调整图片大小和位置，效果如图 5-204 所示。

199

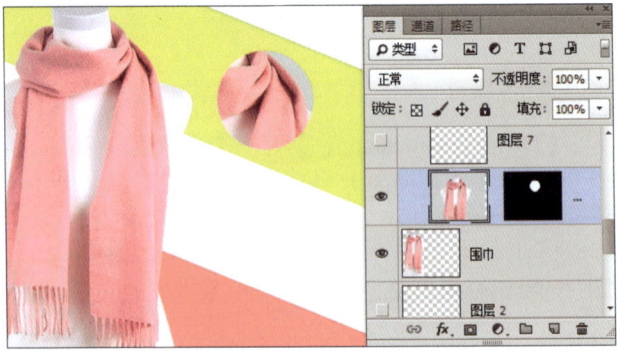

图 5-204　贴入

（5）新建图层，使用 ◯（椭圆选框工具）绘制一个圆形选区，执行菜单命令"编辑/描边"，打开"描边"对话框，参数值设置如图 5-205 所示。

图 5-205　"描边"对话框

（6）设置完毕后单击"确定"按钮，按 Ctrl+D 组合键去掉选区，输入合适的文字，效果如图 5-206 所示。

图 5-206　描边后输入文字

（7）使用同样的方法制作另外两处细节展示区效果。新建图层，绘制一个粉红色圆角矩形，在上面输入文字"细节展示"，在底部中间位置绘制白色圆角矩形，调整不透明效果，至此细节展示区制作完毕，效果如图 5-207 所示。

图 5-207　细节展示区

上身效果

操作步骤

（1）启动 Photoshop，新建一个"宽度"为 750 像素、"高度"为 600 像素的空白文档，用与制作广告区相同的方法制作背景并降低不透明度。

（2）打开本书配套资源中的素材"上身 001""上身 002""上身 003""上身 004""上身 005"，将图片拖曳到"上身效果"文档中，将圆角矩形的两个素材的"混合模式"设置为"正片叠底"，效果如图 5-208 所示。

图 5-208　移入素材

（3）先使用 ▭（矩形选框工具）绘制矩形，再使用 ▭（渐变工具）在文档上面向下拖动填充"从乳白色到灰色"的线性渐变，效果如图 5-209 所示。

201

（4）先按 Ctrl+D 组合键去掉选区，再使用 ▱（直线工具）绘制三条灰色直线，效果如图 5-210 所示。

图 5-209　填充选区

图 5-210　直线

（5）使用 ○（椭圆选框工具）绘制羽化为 10 的选区，将选区填充为"黑色"，调整"不透明度"为 36%，效果如图 5-211 所示。

（6）按 Ctrl+D 组合键去掉选区，复制两个椭圆图片副本并拖曳到合适位置。新建图层，绘制一个粉红色圆角矩形，在上面输入文字"上身效果"，在底部中间位置绘制白色圆角矩形，调整不透明效果，至此上身效果制作完毕，效果如图 5-212 所示。

图 5-211　填充羽化选区

图 5-212　上身效果

购物须知

操作步骤

（1）启动 Photoshop，执行菜单命令"文件/新建"，新建一个"宽度"为 750 像素、"高度"为 225 像素、"分辨率"为 72 像素/英寸的空白文档，将背景填充为"灰色"。

第 5 章　提升店铺流量的视觉图

（2）新建一个图层，使用 ▣（矩形工具）在左侧绘制"青色"，效果如图 5-213 所示。

图 5-213　绘制矩形

（3）新建一个图层，使用 ╱（直线工具）在页面中绘制 2 像素粗细的白色直线，效果如图 5-214 所示。

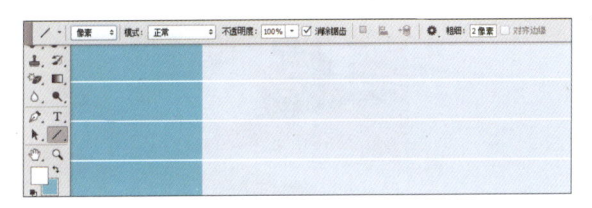

图 5-214　绘制直线

（4）使用 T（横排文字工具）输入文字，再将广告区中的背景拖曳到"购物须知"文档中，至此本例制作完毕，效果如图 5-215 所示。

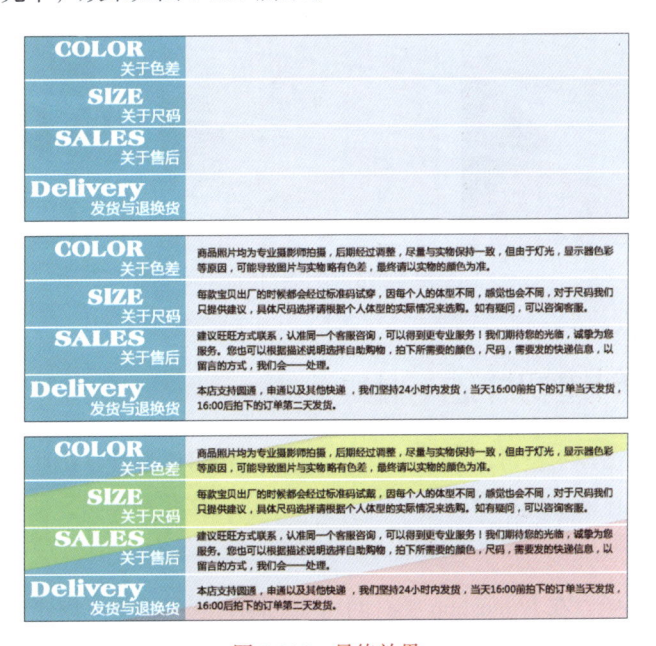

图 5-215　最终效果

203

合成详情页

操作步骤

将之前制作的详情页各个区域储存为 jpg 格式的图片，将各个高度相加。新建一个"宽度"为 750 像素、"高度"为 2444 像素、"分辨率"为 72 像素/英寸的空白文档，将各个区域拖曳到合成详情页文档中，合成后的效果如图 5-216 所示。

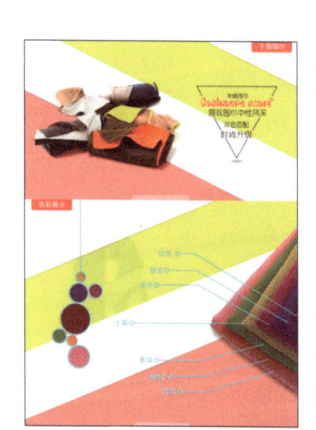

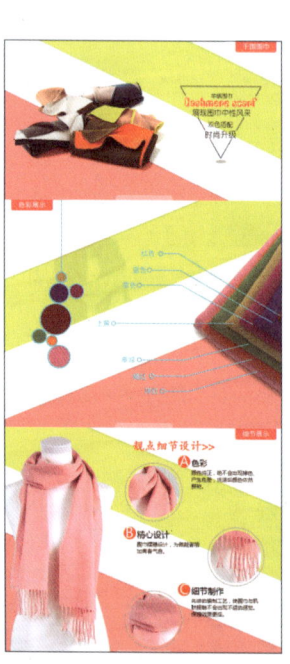

图 5-216　合成详情页

5.11　为图片创建切片后导出

在网店中应用的图片不但可以整体应用到店铺中，还可以将其以切片的形式分成小块应用到网店中，为整张图片创建切片后，可以为单个切片进行优化和编辑，使其结合 Dreamweaver 将一张图片创建多个与其相关的页面链接。

本节就为大家介绍，在 Photoshop 中对网店中的陈列区广告图片创建切片并导出的方法，具体操作如下。

第 5 章 提升店铺流量的视觉图

> **操作步骤**

（1）打开之前在 Photoshop 中制作的陈列区广告图片，选择 ✂（切片编辑工具）后，单击属性栏中的"划分"按钮，如图 5-217 所示。

图 5-217　创建切片

（2）单击"划分"按钮后，打开"划分切片"对话框，参数值设置如图 5-218 所示。

图 5-218　划分切片

（3）设置完毕后单击"确定"按钮，垂直划分后的切片如图 5-219 所示。

图 5-219　划分切片后

205

（4）执行菜单命令"文件 / 存储为 Web 所用格式"，参数值设置如图 5-220 所示。

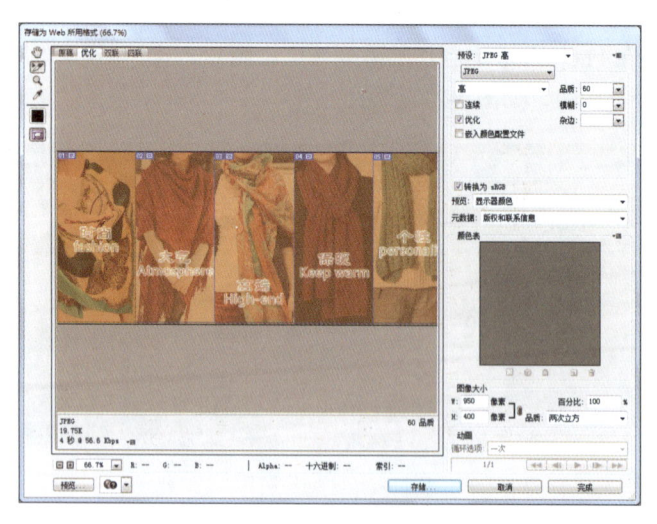

图 5-220　编辑

（5）设置完毕后单击"存储"按钮，打开"将优化结果存储为"对话框，参数值设置如图 5-221 所示。

图 5-221　储存

（6）设置完毕后单击"保存"按钮，此时打开文件夹就可以看到储存的切片，如图 5-222 所示。

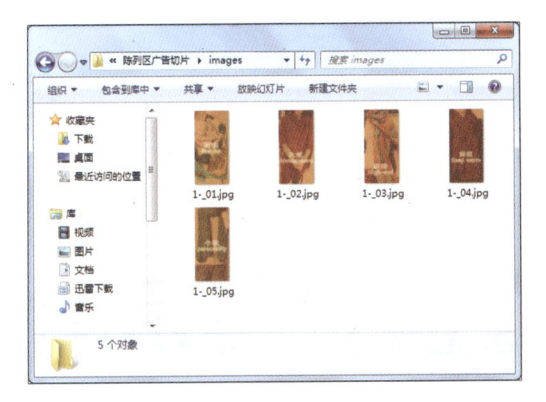

图 5-222　切片

（7）回到 Photoshop 中，将橘色隐藏，如图 5-223 所示。

图 5-223　隐藏橘色

（8）在当前区域再次执行"存储为 Web 所用格式"命令，储存后在文件夹中可以看到切片效果，如图 5-224 所示。

图 5-224　切片效果

提示　此处生成的切片是为了在第 7 章制作鼠标滑过效果。

207

第 6 章

淘宝前台与后台的衔接

本章重点：

+ 进入图片空间
+ 编辑图片空间
+ 复制图片空间中的图片链接
+ Dreamweaver 工作界面
+ 创建表格
+ 编辑表格
+ 插入图片
+ 以背景方式插入图片
+ 粘贴图片空间中的图片链接到 Dreamweaver 代码区

淘宝前台与后台实现衔接最关键的就是"图片空间"，对于代码的编辑我们可以使用 Dreamweaver 作为一个衔接软件。

本章主要讲解淘宝图片空间的使用。淘宝图片空间是淘宝网提供的官方图片存储空间，能迅速提高页面和宝贝图片的打开速度，从而提高点击率，进而提高宝贝曝光度，实现销售额增长。

图片空间在网店运营中起到承上启下的作用，可以快速将图片上传到淘宝网，还可以将图片空间中广告图片的链接替换为 Dreamweaver 中的图片，并将整个代码粘贴到淘宝后台。

淘宝图片空间拥有自己的特色：

（1）淘宝官方图片存储空间。

（2）开店即永久享受免费 20GB 图片空间。

（3）高速上传功能，可以非常方便地上传本地图片。

（4）在线一键搬家功能，搬家后宝贝描述中的图片自动替换。

（5）图片空间过期，宝贝图片仍可显示。

（6）原图存储，提供多种尺寸的缩略图。

（7）全国各大城市铺设服务器，宝贝图片就近存放。

（8）多重数据备份，保证灾难性恢复，减少损失。

（9）批量外链，不限流量。

（10）宝贝图片可自动批量添加水印。

注意：图片只允许链接到淘宝，其他的网站不能链接；图片的使用店铺不能超过 3 个，超过就显示盗链；图片空间大小按购买大小决定，不能超过标准；收费的淘宝图片空间到期后不能上传图片。

6.1 进入图片空间

淘宝图片空间在网店运营与维护方面起着至关重要的作用，下面就来看看在淘宝后台如何进入到图片空间中，具体操作如下。

操作步骤

（1）登录淘宝后，在淘宝首页单击右上角的"卖家中心"按钮，如图6-1所示。

图6-1　淘宝首页

（2）进入到"卖家中心"后，执行左侧菜单命令"店铺管理/图片空间"，如图6-2所示。

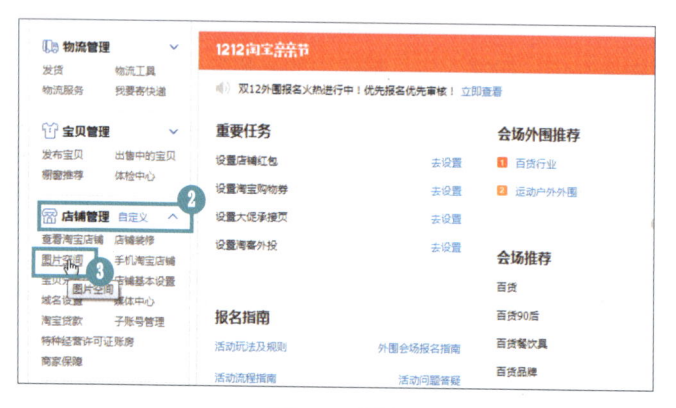

图6-2　选择

（3）单击"图片空间"按钮，系统会直接跳转到"图片空间"中，如图6-3所示。

图6-3　图片空间

6.2 编辑图片空间

图片空间如果不进行编辑，在空间中的图片看起来会非常乱，因此需要将当前的空间内容进行细致编辑，使图片空间工作起来更加方便，例如新建文件夹、上传图片、删除文件夹等操作。

6.2.1 新建文件夹管理图片

在图片空间中，如果将所有的图片都上传，那图片空间看起来会非常乱，此时只要为不同类别的图片建立文件夹，那么在应用图片时就会非常顺手，新建文件夹的具体操作如下。

操作步骤

（1）在"图片空间"中单击"图片管理"标签，在"图片管理"对话框中，单击"新建文件夹"按钮，如图 6-4 所示。

图 6-4 单击"新建文件夹"按钮

技巧：在"图片空间"中新建文件夹还可以在空白处单击鼠标右键，并在弹出的菜单中选择"新建文件夹"命令，来创建新的文件夹，如图 6-5 所示。

图 6-5 选择"新建文件夹"命令

（2）系统弹出"新建文件夹"对话框，输入新建文件夹的名称，如图6-6所示。

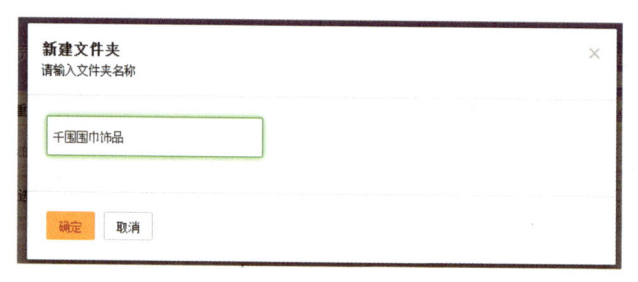

图6-6　命名新建文件夹

（3）设置完毕后单击"确定"按钮，此时在"图片空间/图片管理"中会出现新建的文件夹，如图6-7所示。

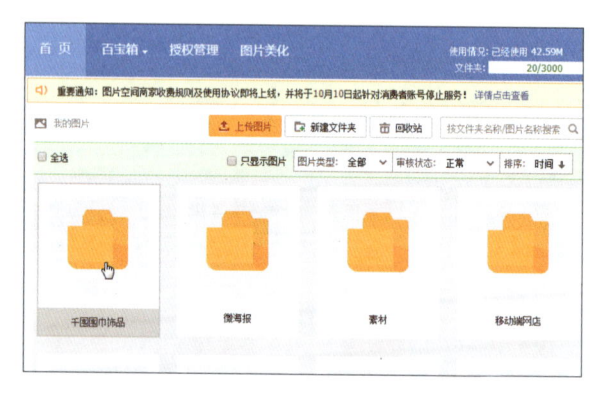

图6-7　新建的文件夹

（4）在文件夹名称上单击鼠标左键，可以更改文件夹名称，如图6-8所示。

图6-8　更改文件夹名称

技巧："图片空间"中的文件夹名称不能超过20个字符，一个汉字相当于两个字符。选择文件夹后会弹出工具栏，在工具栏中有"重命名"按钮，如图6-9所示，单击该按钮也可以为文件夹重新命名。

（5）单击文件夹，可以进入文件夹内部，如图 6-10 所示。

图 6-9　工具栏

图 6-10　进入文件夹内部

（6）在一个文件夹内还可以创建子文件夹，效果如图 6-11 所示。

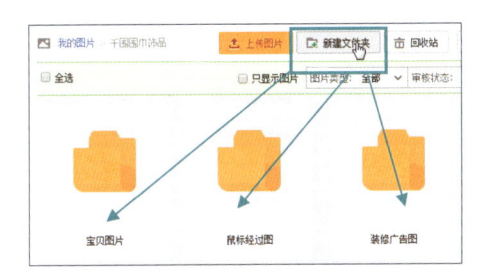

图 6-11　子文件夹

6.2.2　删除图片空间中的文件夹

如果之前装修过店铺，在图片空间中就会留下许多文件夹和图片，对新店铺进行装修时，新建的文件夹混在里面很不好找，如果想操作起来更加方便就需要将之前的文件夹或图片删除，删除的具体操作如下。

操作步骤

（1）在图片空间中，选择要删除的文件夹，在弹出的工具栏中单击"删除"按钮，如图 6-12 所示。

图 6-12　选择要删除的文件夹

（2）系统弹出"删除文件"对话框，如图 6-13 所示。

图 6-13　选择要删除的文件夹

技巧：在图片空间中，选择要删除的文件夹并单击鼠标右键，在弹出的菜单中选择"删除"命令删除文件夹，如图 6-14 所示。

图 6-14　删除

（3）单击"确定"按钮，可以将选择的文件删除，如图 6-15 所示。

图 6-15　删除后

6.2.3　上传优化好的图片

图片空间是用来存放网店的图片的，在图片空间中使用图片非常方便，在使用图片之前，要知道图片是如何上传到图片空间中的，具体的上传方法如下。

第 6 章　淘宝前台与后台的衔接

> **操作步骤**

（1）在图片空间中，进入到"千围围巾饰品"文件夹内的"装修广告图"文件夹，单击"上传图片"按钮，如图 6-16 所示。

（2）单击"上传图片"按钮后，弹出"上传图片"对话框，在"通用上传"区中单击"点击上传"按钮，如图 6-17 所示。

图 6-16　单击"上传图片"按钮　　　　　　图 6-17　上传图片

（3）单击"点击上传"按钮后，弹出"打开"对话框，选择需要上传的图片，如图 6-18 所示。

图 6-18　选择图片

（4）单击"打开"按钮，弹出"上传文件中"对话框，可以查看上传进度，如图 6-19 所示。

图 6-19　上传图片

215

（5）上传完毕后会在"我的图片/千围围巾饰品/装修广告图"中看到上传的图片，如图6-20所示。

图 6-20　上传的图片

技巧：在图片空间中可以一次上传多张图片，这样更便于操作和节省时间，如图6-21所示。

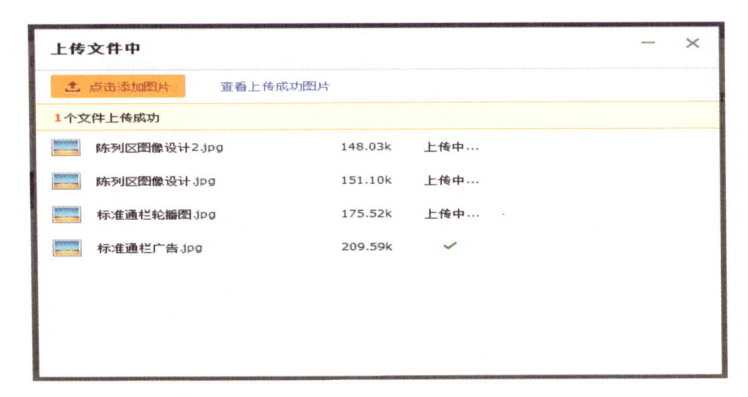

图 6-21　图片上传中

6.2.4　图片搬家

在图片空间中，可以通过"移动"命令，将当前图片转移到其他文件夹中，具体的转移方法如下。

操作步骤

（1）在图片空间中选择一张图片，在弹出的工具栏中单击"移动"按钮，如图6-22所示。

技巧：在图片上单击鼠标右键，在弹出的菜单中选择"移动"命令，同样可以将选择的图片进行搬家，如图 6-23 所示。

图 6-22　选择图片后单击"移动"按钮　　　图 6-23　选择"移动"命令

（2）单击"移动"按钮后，系统弹出"移动到"对话框，在对话框中选择要移动到的目的文件夹"鼠标经过图"，如图 6-24 所示。

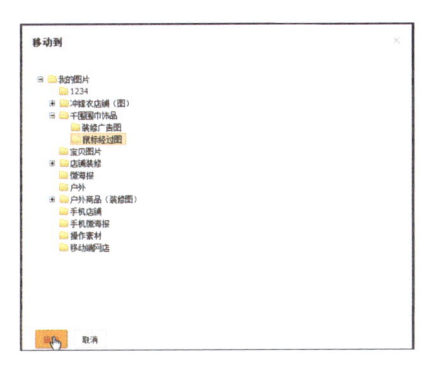

图 6-24　"移动到"对话框

（3）此时在"鼠标经过图"文件夹中可以看到已经搬家的图片，如图 6-25 所示。

图 6-25　搬家后

217

6.2.5　恢复删除的图片

如果不小心将需要的图片删除,在图片空间中还可以将 7 天内误删的图片恢复,具体的恢复方法如下。

操作步骤

(1)在图片空间中选择一张图片,在图片上单击鼠标右键,在弹出的菜单中选择"删除"命令,如图 6-26 所示。

图 6-26　选择"删除"命令

(2)系统弹出"删除文件"对话框,如图 6-27 所示。

图 6-27　"删除文件"对话框

(3)单击"确定"按钮会将图片删除,此时只要单击图片空间中的"回收站"按钮,如图 6-28 所示。

图 6-28　删除文件后

（4）进入"回收站"页面，在其中选择刚才删除的图片，并在工具栏中单击"还原"按钮，如图 6-29 所示。

图 6-29　回收站

（5）系统会弹出"图片还原"对话框，如图 6-30 所示。

图 6-30　图片还原

（6）单击"确定"按钮，系统会把删除的图片恢复到图片空间中，"回收站"中将不再显示此图片，如图 6-31 所示。

图 6-31　还原后

6.2.6　全选图片

在图片空间中的工具栏中勾选"全选"复选框，可以将图片空间中当前页面中的文件夹和图片全部选取，如图 6-32 所示。

图 6-32　全选

6.2.7　替换

在图片空间中的工具栏中选择"替换"选项，可以通过"替换图片"对话框，将本地图片替换成图片空间中的图片，如图 6-33 所示。

图 6-33　替换

6.2.8　编辑

在图片空间中的工具栏中选择"编辑"选项，图片编辑将获得以下权限：

- 获得你的地理位置信息。
- 游戏后可参与活动抽奖。
- 查询分数，明确游戏排名情况。

- 获得你的设备传感器。
- 读取你的用户名等基本信息。
- 读取你的登录状态信息。
- 创建或更新店铺的营销活动。
- 读取或更新店铺的商品数据。
- 读取或更新店铺的订单、评价、退款等信息。
- 读取或更新店铺会员信息。
- 更新店铺设置、店内类目等信息。
- 读取或更新店铺的商品运费模板、订单发货等物流相关信息。
- 读取或更新店铺"图片空间"信息。
- 读取"阿里旺旺"信息。
- 读取或更新"子账号"信息。
- 读取或更新"分销业务"信息。
- 允许分享给手机通讯录好友。

6.2.9 适配手机

在图片空间中的工具栏中选择"适配手机"选项，图片适配可能会导致一定失真，转换后原图不会被删除，如图6-34所示。

图6-34 适配手机

6.2.10 为图片添加水印

在图片空间中可以为宝贝图片批量添加文字水印或图片水印，添加方法如下。

操作步骤

（1）在图片空间中选择"百宝箱"标签命令，在弹出的下拉菜单中选择"设置水印"命令，如图6-35所示。

图 6-35　选择设置水印

（2）系统弹出"水印参数设置"页面，默认会显示"添加文字水印"标签页，在其中可以设置要添加的水印文字、字体、字号、透明度、颜色及位置，如图 6-36 所示。

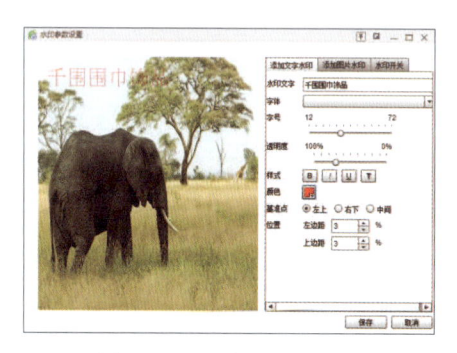

图 6-36　"添加文字水印"

（3）单击"添加图片水印"标签，进入设置图片水印区域，单击"上传"按钮，如图 6-37 所示。

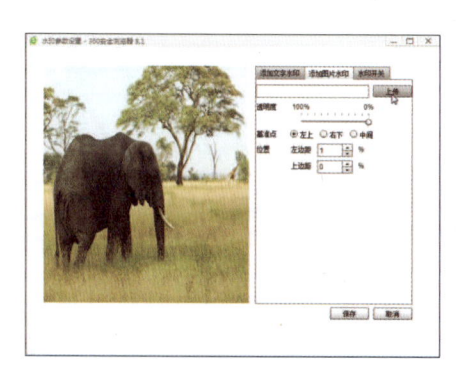

图 6-37　添加图片水印

（4）弹出"打开"对话框，在其中选择要作为水印的 Logo，如图 6-38 所示。

图 6-38　选择图片

（5）打开图片后可以在"添加图片水印"对话框中，设置图片的位置、透明度等，如图 6-39 所示。

图 6-39　设置

（6）设置完毕后单击"水印开关"标签，选择"开启"复选框，上传图片后系统会默认添加水印，如图 6-40 所示。

图 6-40　开启

（7）单击"保存"按钮，完成添加水印的设置。

223

6.3 复制图片空间中的图片链接

图片空间中的图片，可以通过复制图片链接的方式，将其应用到第三方软件中，替换该软件编辑的图片。例如在 Dreamweaver 中编辑的图片，就可以使用复制图片链接的方式将其替换掉，选择图片后，在图片下面单击 🔗（复制链接）按钮，复制成功时会弹出"复制成功"字样，如图 6-41 所示。

图 6-41　复制链接

技巧：在图片下面除了 🔗（复制链接）按钮，还有 🖼（复制图片）按钮和 </>（复制代码）按钮。🖼（复制图片）可以直接复制图片空间中的图片，再通过"粘贴"命令或按 Ctrl+V 组合键，直接将图片复制到第三方软件或淘宝后台中；🔗（复制链接）指的是将当前图片的链接地址直接复制，再通过"粘贴"命令将链接地址粘贴；</>（复制代码）指的是将当前图片的代码进行复制，再将其粘贴到淘宝的代码区，与整体代码相呼应。

6.4 Dreamweaver 工作界面

Dreamweaver 提供网页规划、设计到管理的全方位功能，兼顾设计与程序开发，是制作网页时的不二之选。提供"所见即所得"的可视化环境，设计阶段即能准确呈现效果。软件的强大设计功能，能让网页设计人员轻易摆脱 HTML 原始码的限制，以较少的时间做出具有专业水平的站点。执行"开始/Adobe Dreamweaver CC"命令，即可开启 Dreamweaver 程序，如图 6-42 所示。

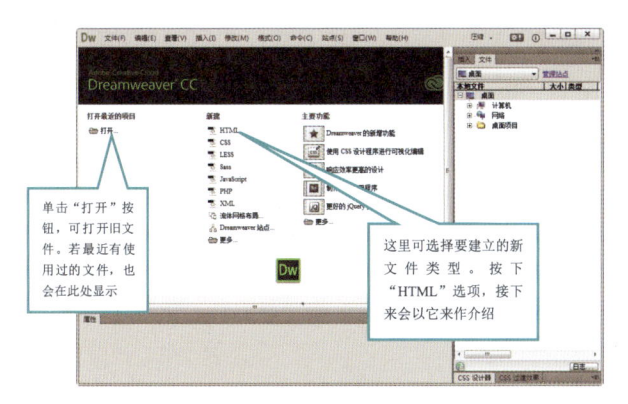

图 6-42　程序界面

在程序界面中的"新建"处选择"HTML"选项，建立第一个 HTML 文件后，就会进入 Dreamweaver 的工作界面，如图 6-43 所示。在开始操作软件之前，让我们先熟悉一下工作环境。

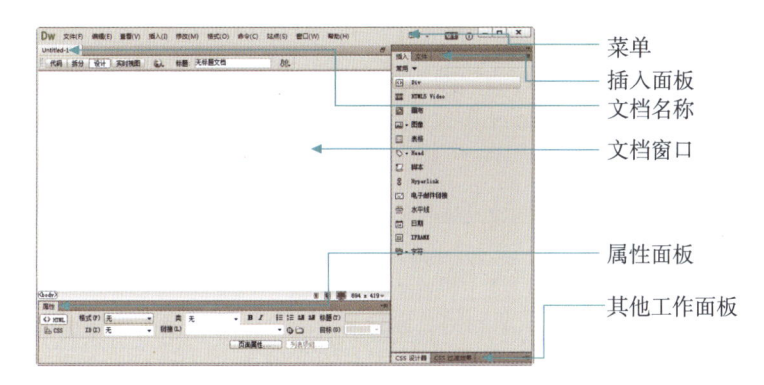

图 6-43　工作界面

各项的含义如下。

- 菜单：放置 Dreamweaver 各项编辑命令的区域，不过许多功能命令可通过鼠标右键的快捷菜单来执行。
- 插入面板：用来插入各式各样的网页组件，面板上的每一个图标代表着一种元素，只要选择面板中的功能图标，就可以将相关组件放置到网页上。插入面板的开启及隐藏，可由"窗口/插入"命令来切换。
- 文档窗口：是网页内容的编辑区域，设计出来的网页画面与实际浏览时所呈现的效果几乎一模一样。

技巧：在默认状态下，会在文档名称下方显示"文档工具栏"，内含"代码""拆分""设计""实时视图""文件标题""文件管理"等工具按钮。另外，Dreamweaver 还提供"标准工具栏"，内含"新建""开启""储存文件""全部储存""剪切""复制""贴上""还原""重做"等快速工具，如要显示"标准工具栏"，可选择"查看/工具栏/标准"命令，如图6-44所示。

图6-44　文档窗口

- 属性面板：可对页面中的各种元素进行调整及编辑。当在页面上选择不同的网页元素时，属性面板也会对应显示不同的属性。执行"窗口/属性"命令可决定是否显示"属性面板"。
- 其他工作面板：放置各种类别的辅助编辑面板，"CSS设计器""CSS过渡效果""文件"等面板，都是Dreamweaver预设启动的工作面板。

6.5　创建表格

表格在页面内容的编排上是相当重要的工具，因为网页设计并不像美工软件一样，可以自由调整文字在页面上的位置，所以早期的网页设计者，都会运用表格来编排页面上的图文位置。如今虽然CSS样式对排版问题已有解决方式，不过对于具有规则性的数据而言，表格还是最好的选择。表格是一种由水平及垂直交叉的线条汇编而成的方格，适用于放置具有条理及结构性的数据内容，垂直的排列称为"列"，水平的排列称为"行"，最外围的青色框线称为表格的"边框"、单元格内容和单元格外框的距离称为"边距"、表格中的每一个方格称为"单元格"，两个单元格之间的距离称为"间距"，如图6-45所示。

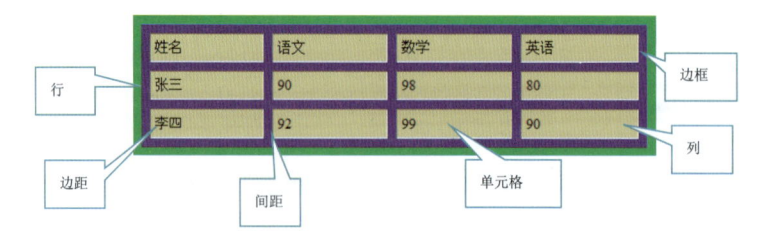

图6-45　表格

Dreamweaver提供多样化的表格创建方式，具体操作如下。

第 6 章　淘宝前台与后台的衔接

> 操作步骤

（1）插入表格可以通过菜单命令来进行，执行菜单命令"插入 / 表格"或按 Ctrl+Alt+T 组合键，如图 6-46 所示。

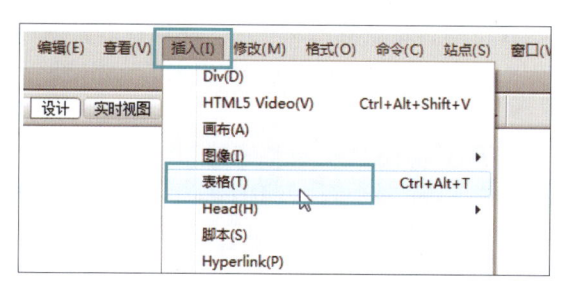

图 6-46　插入菜单

（2）在"插入"面板中也可以通过选择"常用"标签中的"表格"命令来创建表格，如图 6-47 所示。

（3）在打开的"表格"对话框中，可以设置表格的行数和列数，也可以设置标题和辅助功能，如图 6-48 所示。

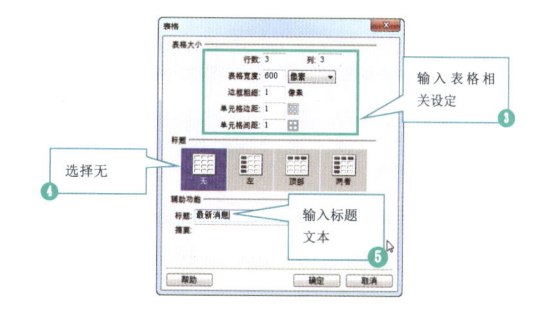

图 6-47　插入面板　　　　图 6-48　"表格"对话框

（4）设置完毕后单击"确定"按钮，此时在文档窗口会新建一个"宽度"为 600 像素的 3 行 3 列的表格，如图 6-49 所示。

图 6-49　插入表格

227

技巧：可以通过"导入/Excel文档"命令，将在Excel中创建的表格导入到Dreamweaver中。

6.6 编辑表格

在Dreamweaver中，表格编辑是直观且便利的，就像在办公软件中编辑一样简单。本节将针对表格和单元格的编辑技巧作说明，让大家制作出来的表格能够符合需求。

6.6.1 单元格选取技巧

设置文字格式时要选取文字范围，要编辑表格数据，当然也要选取正确的表格范围。以单元格范围的选取来说，分为"连续"与"不连续"两种，且必须借助键盘上的 Shift 键及 Ctrl 键，先选取第1个单元格，按住 Ctrl 键后再选取其他单元格，就可以进行不连续的单元格选取，如图 6-50 所示。先选取第1个单元格，按住 Shift 键后再选取其他单元格，就可以进行连续的单元格选取，如图 6-51 所示。

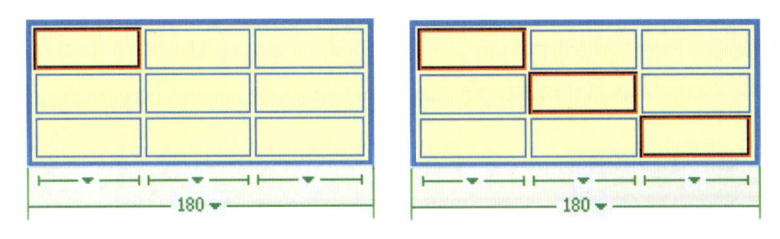

图 6-50　选取不连续单元格

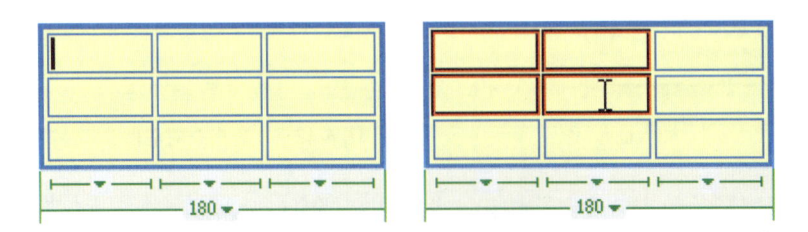

图 6-51　选取连续单元格

技巧：将光标放置到列的顶端，单击即可将整列进行选取，如图 6-52 所示；将光标放置到行的左端，单击即可将整行进行选取，如图 6-53 所示；将光标移动到表格的左上角处单击边框可以选取整个表格，如图 6-54 所示。

图 6-52　选取整列

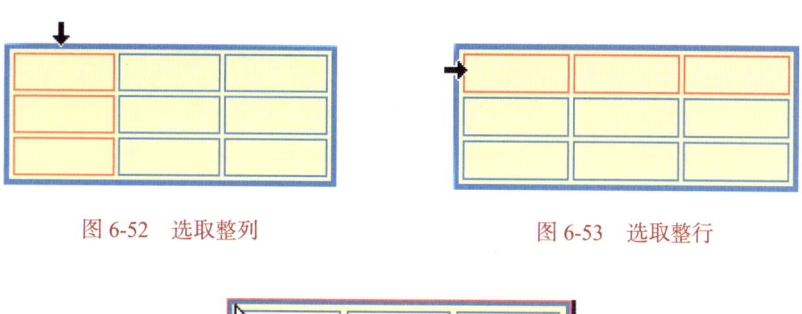

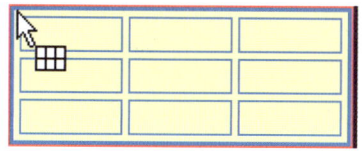

图 6-53　选取整行

图 6-54　选取整个表格

6.6.2　重设表格的行列数

　　Dreamweaver 可以在不影响表格宽度的情况下调整表格中的行数，至于表格的高度则会因为行数的多少而变动，选取整个表格后，在属性栏中将列数变为 4，行数变为 4，效果如图 6-55 所示。

图 6-55　改变行列数

6.6.3 调整表格宽度

表格的宽度和水平线一样有相对大小（%）及绝对大小（像素）两种设置，都是通过属性栏来设置。选择表格后，在属性栏中可以重新设置表格宽度，如图6-56所示。

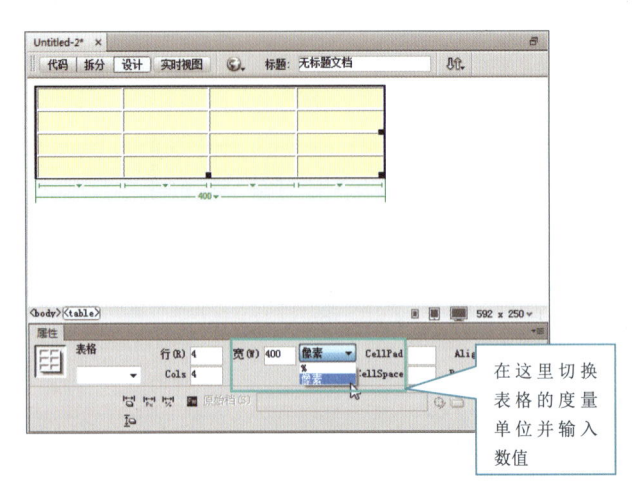

图6-56 调整表格宽度

6.6.4 调整边距、间距、边框

边距、间距及边框等距离属于表格的整体设置，因此设置前要先选取整个表格，然后在属性栏中设置边距、间距及边框的数值即可，如图6-57所示。

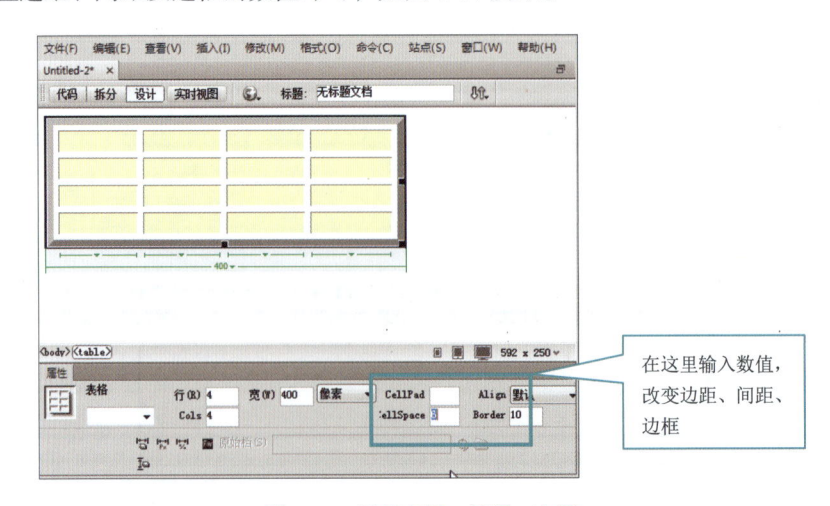

图6-57 调整边距、间距、边框

6.6.5　行列的插入、删除

随着数据的增减，表格中的行数与列数也要适时地插入及删除。对行列的操作，通过右键快捷菜单，即可快速选择要插入、删除或合并的设置，如图 6-58 所示。

图 6-58　设置

技巧：如果要删除整行或整列，应先选取整行或整列，然后按 Delete 键就可以删除，删除整个表格也利用相同的方式。

6.6.6　调整行宽、列高

利用鼠标直接拖曳表格框线，可自由调整行宽、列高等，如图 6-59 所示。若要使用数值进行设置，只要在属性栏中设置即可，如图 6-60 所示。

图 6-59　手动调整

图 6-60　固定数值调整

技巧：在进行列宽调整时，表格的整体宽度是不会改变的。

6.6.7　单元格的拆分、合并

有时候表格比较复杂时，必须对单元格进行拆分或合并的处理，可利用属性栏来设置，选择多个表格后，在属性栏中单击"合并单元格"按钮，即可合并选择的单元格，如图6-61所示。

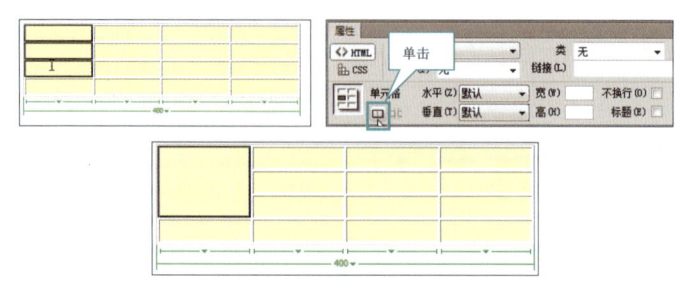

图6-61　合并单元格

Dreamweaver拆分单元格的效果和一般文本软件中的结果不同，它无法在表格中产生"奇数行"与"偶数行"同时并存的情况，遇到这种情况时，Dreamweaver会以"拆分单元格"的方式来处理，如图6-62所示。

图6-62　拆分单元格

6.6.8　嵌套表格

有时对单元格进行拆分不能制作复杂的表格时，可以在此单元格里再次插入表格。具体插入方式与直接创建表格类似，选择单元格后，执行菜单命令"插入/表格"或按 Ctrl+Alt+T 组合键，在打开的"表格"对话框中可以设置表格的行数和列数，以及设置标题和辅助功能。设置完毕后单击"确定"按钮，效果如图6-63所示。

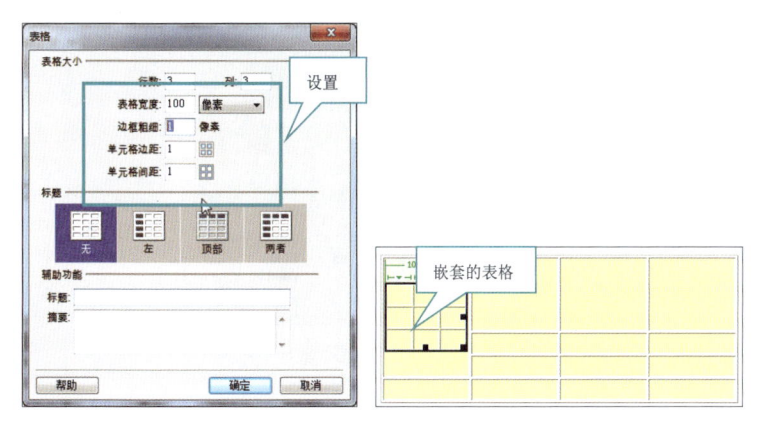

图 6-63　嵌套表格

6.6.9　清除表格的宽度、高度

可用来清除单元格中多余的空白，让行宽与列高和单元格的内容刚好吻合，例如插入的图片比单元格稍微小一点，此时就需要对表格进行清除宽度和高度的操作，具体操作如下。

操作步骤

（1）选择整个表格，如图 6-64 所示。

（2）在属性栏中单击 （清除列宽）按钮，此时会发现表格宽度会自动与图片吻合，如图 6-65 所示。

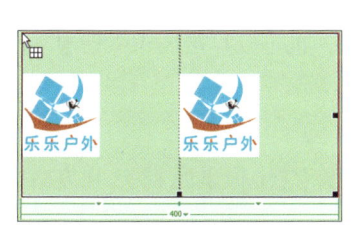

图 6-64　选择表格　　　　图 6-65　清除列宽

（3）在属性栏中单击 （清除行高）按钮，此时会发现表格高度会自动与图片吻合，如图 6-66 所示。

233

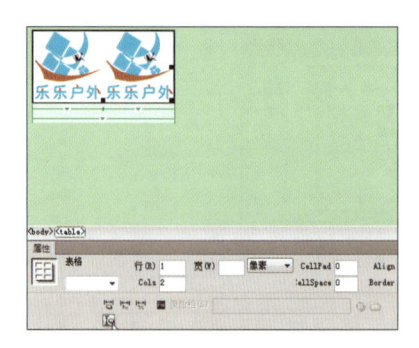

图 6-66　清除行高

6.6.10　单元格的其他设置

属性面板中还提供几项特别的设置项目,在此一并向大家说明,如图6-67所示。

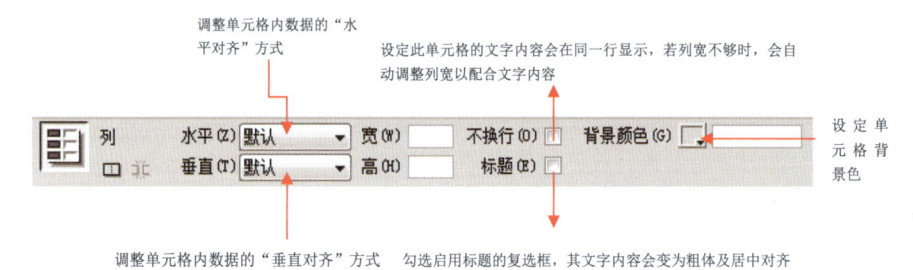

图 6-67　其他设置项目

6.7　插入图片

Dreamweaver 中的图片可以在表格中进行插入,也可以直接插入文档中,具体操作如下。

操作步骤

(1)根据图片的大小在页面中先插入一个宽度为750像素的1行1列表格,如图6-68所示。

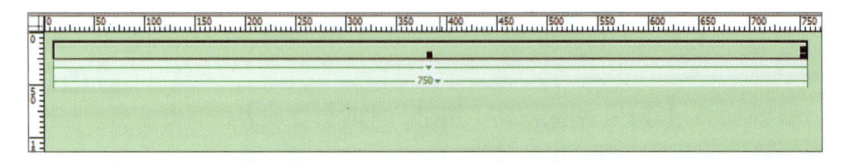

图 6-68　插入表格

(2)将鼠标移到表格内部并单击,之后在属性栏中设置高度为 45 像素,如图 6-69 所示。

图 6-69 设置表格高度

(3)执行菜单命令"插入 / 图像 / 图像",打开"选择图像源文件"对话框,选择"750 店铺公告模板设计",如图 6-70 所示。

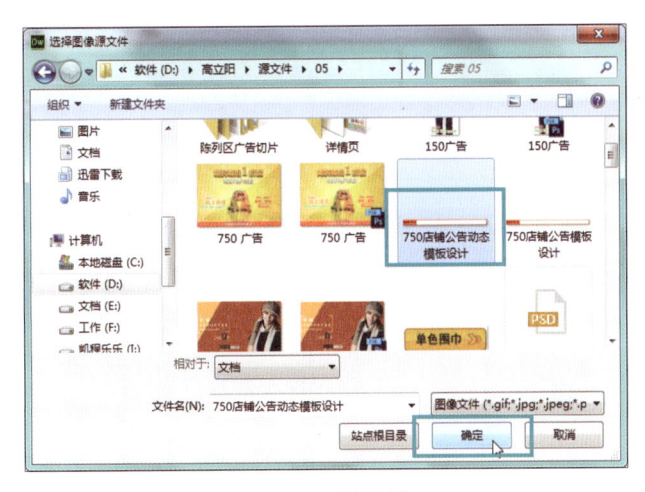

图 6-70 选择图像

(4)单击"确定"按钮,此时会将选择的图片插入文档中,如图 6-71 所示。

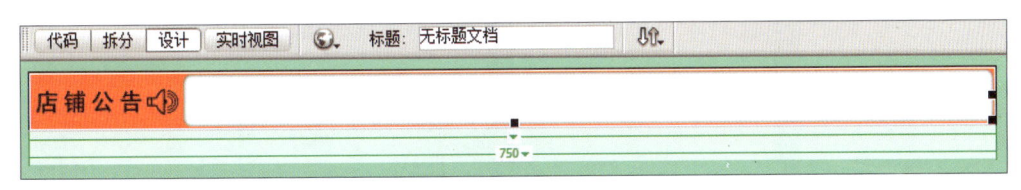

图 6-71 插入图片

235

6.8 以背景方式插入图片

在 Dreamweaver 中，不但可以直接插入图片，还可以以背景的形式插入图片，此时图片就相当于单元格中的背景，在单元格中还可以再次插入图片和文本，操作过程如下。

操作步骤

（1）在 Dreamweaver 中插入 1 行 1 列宽度为 750 像素的表格，设置表格宽度与高度，如图 6-72 所示。

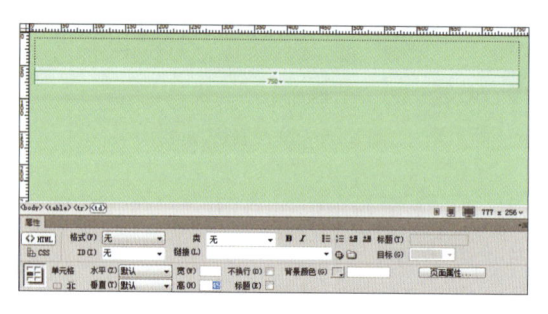

图 6-72　插入表格

（2）在表格中单击进行选择，单击"拆分"按钮，此时可以看到设计区和代码区，如图 6-73 所示。

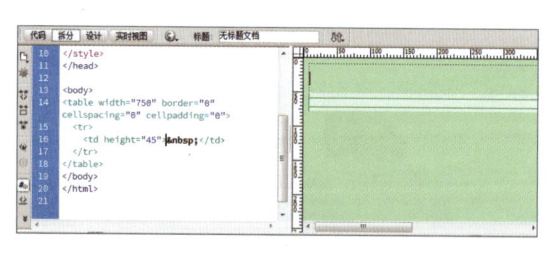

图 6-73　单击"拆分"按钮

（3）在代码区单元格 td 后面先单击鼠标，再按空格键，在弹出的提示菜单中选择 background，如图 6-74 所示。

图 6-74　选择

（4）双击 background 后，弹出链接"浏览"按钮，如图 6-75 所示。

图 6-75 "浏览"按钮

（5）双击"浏览"按钮后，弹出"选择文件"对话框，如图 6-76 所示。

图 6-76 "选择文件"对话框

（6）选择图片后单击"确定"按钮，此时代码区域会显示背景图片地址，如图 6-77 所示。

图 6-77 代码

（7）回到设计区域，我们会看到表格内出现了背景图片，在插入背景的区域，单击将光标固定在此单元格上，就可以在图片上输入文字了，如图6-78所示。

图6-78　背景图

6.9　粘贴图片空间中的图片链接到Dreamweaver代码区

根据6.3节"复制图片空间中的图片链接"复制的链接，进入到Dreamweaver的代码区，将图片本身的地址替换成图片空间中的图片链接地址，如图6-79所示。

图6-79　粘贴代码

第 6 章 淘宝前台与后台的衔接

如果在图片空间中复制代码成功，进入到 Dreamweaver 的代码区，需要替换的将是整个图片的代码，如图 6-80 所示。

图 6-80　粘贴代码

第 7 章

店铺可装修区域的应用
【扫码阅读】

反侵权盗版声明

　　电子工业出版社依法对本作品享有专有出版权。任何未经权利人书面许可，复制、销售或通过信息网络传播本作品的行为；歪曲、篡改、剽窃本作品的行为，均违反《中华人民共和国著作权法》，其行为人应承担相应的民事责任和行政责任，构成犯罪的，将被依法追究刑事责任。

　　为了维护市场秩序，保护权利人的合法权益，我社将依法查处和打击侵权盗版的单位和个人。欢迎社会各界人士积极举报侵权盗版行为，本社将奖励举报有功人员，并保证举报人的信息不被泄露。

举报电话：（010）88254396；（010）88258888
传　　真：（010）88254397
E-mail：dbqq@phei.com.cn
通信地址：北京市万寿路173信箱
　　　　　电子工业出版社总编办公室
邮　　编：100036